JN163003

武術の極み、
合気を求めて

大東流
合気柔術を
解く

大東流合気柔術
研究室主宰
浅原 勝・著

日貿出版社

はじめに

本書は、岡本正剛先生から大東流合気柔術の教えを30数年間に渡って受け、そして師のもとを離れてからも修行と研究を続け、合気柔術の合気の術理を追求してきた成果の一部である。

筆者が経験した武道は大東流合気柔術だけであるが、筆者が大東流合気柔術について語ったり、術理の解明をする際は、岡本先生の技をベースに、筆者が解析、考察したものということになる。また、筆者と岡本先生は、会社員時代に同じ職場で働いたという間柄でもあることから、岡本先生の武道家としての姿とともに、仕事の場面における横顔や趣味をご一緒させていただいた時の思い出も、筆者にとっては大切な財産となっている。

本書は大きく二編で構成されている。第一編は、筆者と岡本先生との思い出を含む、伝記的な内容である。岡本先生の技や指導法がどのように変化してきたのか、あるいは常に変わらなかったものは何か、こうした視点は、貴重な記録であり、大東流合気柔術の研究に重要な示唆を与えるものであると考えている。

第二編では、大東流合気柔術の技法に関する筆者の研究の一部を紹介した。この第二編における術理の理解、解明については、できる限り客観的、科学的方法をとった。そのベースは人間学であり、人の動きのメカニズムに関わる運動学や力学、人体の構造を説明する解剖学、人体の生理的作用の理解のための生理学など、複数の視点から、大東流合気柔術の技法を考察している。

大東流合気柔術の合気の技は２８８０余手と語られている。これを実際の技の数と理解するのではなく、技の多様性、変幻自在性を示していると理解すべきだと考えているが、それを実現するための合気術理の理解・解明には多くの困難があった。

これを説明するにあたって、科学論文のような書式では多くの読者にとってかえって分かりづらくなってしまうと考え、複雑な大東流合気柔術の術理を単純化して、分析・解析している。従って、本書は大東流合気柔術の術理のほんの一部を説明しているのにすぎず、また「これが岡本正剛先生の大東流合気柔術である」と語るものではないことを、はじめにお断りしておきたい。

本書の発表にはためらいもあったが、筆者が幸運にも接することができた岡本先生の息づかい、大東流合気柔術の本質の一部でも後世に残す一助になればとの思いが強くあり、また筆者の研究成果が少しでも後進の修行者の参考となることを期待して今回の出版に踏み切った。

大東流合気柔術の術理には、他の武術にも共通する理論が含まれていると考えている。大東流合気柔術に興味がある方だけでなく、他の武術に関わる方にも読まれ、その研鑽の手がかりになれば、これに優る幸いはない。

大東流合気柔術研究室主宰　浅原　勝

目次

【第一編】岡本正剛先生の足跡

第一章　六方会の誕生と岡本先生の横顔

▼岡本先生と大東流の系譜

●岡本先生と大東流の出合い

岡本先生は１９２５年（大正14年）２月10日、北海道夕張市に生まれている。時局柄、久里浜海軍工作学校を卒業後、百里原《ひゃくりがはら》海軍航空隊に配属されたところで、終戦を迎えている。

復員後、北海道新聞社に勤め、上司に勧められてお見合いして結婚、１９５６年（昭和31年）、奥様の実家がある北海道北見に転居し、写真製版の店を興された。

岡本先生が北見地方に移住したことが、大東流との関わりにおいて、大きなターニングポイントとなった。この北見という地は、大東流に深く関わった土地である。大東流合気柔術を世に広めた武田惣角翁とその門弟達が数多く住んだ。その門弟とは、堀川泰宗・幸道親子、佐川子之吉・幸義親子、植芝盛平らで、いずれも大東流の歴史に名を残す人物たちである。

その北見には、岡本先生の軍隊時代の戦友、室井真氏が近くに住んでいた。岡本先生は室井氏から「岡本、今、変わった武術を習っているんだ。おまえも来いよ」と誘われたが、仕事も忙しく、特段興味もなかったので、その時は「そのうち行くよ」と返事をされたそうだ。

1963年（昭和38年）のある日、たまたま時間がとれて「今日は行ってみるか」となった。道場には近所の顔見知りもいたため、ご近所付き合いのつもりだった。最初は入門する気はなく、早く終わって帰ることばかりを考えていたが、稽古が終わると「一杯飲みに行こう」と誘われたそうだ。

こうして、岡本先生は武術を習いたいというより、自宅での自営業の気分転換に外で一杯飲めて、近所付き合いもできるという考えから道場に通い出したということのようである。この道場こそが、堀川先生の主宰される「幸道会」であった。

なお、北見の大東流は最初から堀川幸道先生が教えていたのではないようだ。もともとは、岡本先生のお知り合いの自転車店のハタ氏、お風呂屋さんの伊藤氏、不動産店の加藤氏が、佐川幸義先生から習っていたそうだ。

当時、佐川先生は東京から通って教えられていたのだが、都合で北見に来れなくなったため、誰か代わりに大東流を教えてくれる人はいないかと探し始めた。

加藤氏は、教師であった堀川幸道先生の教え子であり、堀川先生が大東流を教えていたことを思い出して捜し回ったところ、堀川先生が湧別《ゆうべつ》にいることが分かり、湧別を訪ねた。加藤氏は武田惣角翁からも大東流を習ったことがあったようで、堀川先生の技を見て「これは武田惣角先生と同じ技だ、堀川先生に北見をお願いしよう」となったということである。

●堀川先生と幸道会

話は前後するが、ここで堀川幸道先生と幸道会について簡単に触れておきたい。

堀川先生は、1894年（明治27年）、北海道北見枝幸に堀川泰宗の長男として生まれる。幼名を幸太郎と言った。

1898年（明治31年）、幸道先生が5歳の頃、湧別に移住する。父親の泰宗氏は湧別で金物・薬種業を営み、後に湧別駅逓《えきてい》（旅館）を経営した。また、佐川幸義先生の父親（子之吉）も湧別で商店を経営していた。

この旅館に惣角翁が宿泊したことが縁で、堀川泰宗氏と佐川子之吉氏が惣角翁から大東流を習うことになる。

ところで、惣角翁の弟子に、北海道で新聞記者をしていた吉田幸太郎という、大正4年に代理教授となった方がいた。この方が遠軽の久保田旅館で、後に合気道の創始者となる植芝盛平氏に惣角翁を紹介したと言われている。吉田幸太郎氏は、戦後、東京都豊島区で大東流を指導し、大山倍達氏、地曳秀峰氏、近藤勝之氏らが大東流を習うことになる。

話を堀川幸道先生に戻す。

幸道先生は、父・泰宗氏と、惣角翁から大東流を習ったという。記録では、堀川幸道先生の惣角翁への入門が１９１４年（大正３年）５月12日となっている。岡本先生の話では、幸道先生は毎月十日間の稽古を受けたようで、これを「十日稽古」と呼んでいたそうだ。１９３１年（昭和６年）１月に目録第一巻『大東流柔術秘伝目録』を受け、同６月に第二巻『秘伝奥儀之事』を、さらに後の１９３７年（昭和12年）９月に第三巻『大東流合気柔術秘奥儀之事』を惣角翁より受けている。

幸道先生には、惣角翁より『免許皆伝』をもらう話もあったようだ。

堀川先生が北海道斜里郡の小学校教員時代、惣角翁に旅館に呼び出されたという。そして、惣角翁は「このとおりひき（筆記）写せ。おまえは特別だから大きな免状を書いておけ。おれが一回りしてきたら印を押してしてやるから」と言って控えを与えて幸道先生の元を去った。幸道先生は言われた通りに、ご自分でこの目録を書いたという。堀川先生としては、ご自身で写された目録に、印を押して貰うことを期待していたわけであるが、惣角翁は旅先の青森で１９４３年（昭和18年）、83歳で亡くなってしまった。

なお、後の１９５９年（昭和34年）、堀川先生は大東流合気武道総本部長より、『大東流合気武道大要』が贈られた。ただ、その当時の話として岡本先生から伺ったところ、堀川先生はご自身が写された免状に判を押してもらうことを期待していたようである。

１９５０年（昭和25年）、堀川先生は、北海道紋別郡湧別町に「大東流合気柔術幸道会」を設立する。そして、１９６６年（昭和41年）に幸道会総本部を湧別町から北見市常盤町に移した。岡本先生の話では、北見の稽古は柔道場を借り、そこへ堀川先生は湧別から来て指導していたということである。その後、堀川先生は北見に移り住み、１９６９年（昭和44年）に幸道館が落成している。

●岡本先生の幸道会の稽古

さて、話は岡本先生が幸道会に入門した頃に戻る。

幸道会に入門した時、岡本先生は38歳、堀川先生が69歳くらいだった。岡本先生の武道経験は、子どもの頃の相撲と、軍隊時代の銃剣術の経験があるだけで、武道・武術に打ち込んだことはなかった。

筆者はこのことが、岡本先生が大東流合気柔術を習う上で幸いしたと思っている。他の武術の染まりがなく、ひたすら合気柔術のみ修練できたからである。大東流合気柔術を習う以前に、他の武術を経験した人は、他流派の経験が長いほどそれが自分の武術が下地となってしまうことが多いように思う。筆者は、大東流を習う六方会会員で、武道・武術経験者が入門以前にどのような武術（合気道、空手、柔道、中国武術、柔術など）を学んでいたか、動きを見てだいたい見当が付いた。

岡本先生が入門した当時、幸道会の稽古は三つのグループに分かれていて、岡本先生は初心者のグループにいた。

当時の幸道会では、入門者は最初の二、三年は堀川先生には触れられず、直接稽古を付けてもらえず、岡本先生は初歩の技を二段や三段の人から習ったそうである。最初は掴み手を外す稽古ばかりをしていて、強く握られた上に要領が分からず、手の皮が剥けたという話を聞いたことがある。また、堀川先生が先輩たちを指導している技を真似して怒られたこともあったそうだ。

岡本先生は、熱心に稽古に励み、雪が降った日は早く道場に行って雪かきをし、道場を暖めて先生を待っていたこともあったという。また、堀川先生を生活面でもサポートされていたこともあってか、入門後一年半くらい経った頃、幸道先生から「岡本さん、あんた熱心に来ているな。今度私が教えてあげる」と、直接指導してもらえるようになった。つまり、堀川先生の手を取れるようになるまで、岡本先生は通常よりかなり早かったことになる。

●堀川先生の指導法

岡本先生が堀川先生からどのように技を習ったのか、誰もが興味を惹かれるだろう。筆者が入門した当時、堀川先生はご存命だったが、残念ながら筆者は堀川先生から指導を受けていない。

岡本先生の話では、「我々の時は、堀川幸道先生からは一切説明がなかったですから。ただ、掴みに行ってぱっと投げられるだけで終わり。首を傾げていると、〝もう一回おいで〟と言われてまたやって、〝はい、これだよ〟と言うだけでした。ここでもう一度お願いすると、〝頭が悪いね〟と言われてしまう。なんで技になっているのか理解できないわけです。ただ投げられているだけで、質問はできないし、説明もしない。つまりひたすら受けて、投げられているうちに自然に技が自分の身に付いてくるんですね。完全じゃないんですけれど、見よう見まねでやっていく」とのことであった。

「堀川先生に投げられていくうちに自然と技が身に付いた」という岡本先生のお話には、武術の相伝の本質が現れていると筆者は考えている。

技の相伝はただ単に型を真似るだけではない。岡本先生は堀川先生の技を受けながら「なぜそれが技になっているか？」という技のエッセンス、すなわち極意を学び取ろうと苦悶しながら稽古に励んだのである。おそらく堀川先生が武田惣角翁から学んだ姿勢も同じであろう。

現在と違って昔は、芸は見て盗むものであり、武術は打たれ、投げられ、痛い思いをして体で覚えると言われたものである。

岡本先生は１９９９年（平成11年）の雑誌『合気ニュース』秋号のインタビューで、「新しい人も、中堅の人も頭でまず覚えようとする。だけど、頭から手の先までなかなか指令は行き渡らない。特に、都会の人は頭で先に覚えようとする傾向が強い気がします」と語られている。

岡本先生は、説明を求められれば、それに答えられていた。だが、岡本先生は、「本当は説明したくはないけれど、説明しないとなお分からないということで、説明しながら技をかけてるんです」「頭の中だけでなく肌で感じてください」と仰っていた。

筆者も習い始めの頃は、習った技や重要と思われるポイントを一生懸命メモしたことがあったが、そのうち止めてしまった。武術の習得、特に習い始めは意識を集中して体で覚えるしかないと思ったからである。その想いで、筆者自身も長年、岡本先生の技を受け、大東流合気柔術のエッセンスである合気とは何かを追求してきた。

なお、岡本先生は、北見時代には本当の合気というものを飲み込めていなかったと語っている。言葉での説明は、自分の技に自信がないとなかなかできないものだ。独立してから10年くらいが経った頃から基本原理を説明されるようになった。

また、同じく１９９９年秋号の『合気ニュース』のインタビューでご自分の技について、「まだまだだね（笑）。こんなことを言うと会員さんに怒られるんですけれどね、富士山で言えば、5合目から6合目あたりでうろついているんで、私としてはせめて8合目あたりまでは行きたいな、というつもりでいるんです」と述べていた。

岡本先生はこの時点で、入門してから36年程の年数が経過している。それでも、大東流の修行は道半ばだという言葉に、合気の奥深さを改めて想うところだ。

▼岡本先生と六方会

●岡本先生と筆者の出会い

1977年（昭和52年）、岡本先生は北海道北見から東京に移住し、臨床検査の会社に転職された。岡本先生のお話では、写真製版の世界では技術革新が進み、個人経営では商売が難しくなってきた。そこで、余裕のあるうちに20年続けた写真製版業の店を畳んで、子ども達が住む東京の企業に勤めることにしたそうだ。

1978年（昭和53年）4月、当時31歳だった筆者は、岡本先生が勤める臨床検査の会社に転職した。そのきっかけは、東京都新宿区にある都立衛生研究所に勉強を兼ねてアルバイトをしていた際に、そこの職員を通して、その臨床検査の会社を紹介されたのである。他に選択肢もあったが、この会社を選んだことで筆者の人生も変わった。

筆者の入社同期は5人いた。一人は高卒の18歳、一人は専門学校卒の20歳、あとの2名は大卒の22、23歳だった。入社式の時、筆者を含め新入社員5人が壇上に上がって挨拶をしたのだが、岡本先生は、一人だけ年齢が上の筆者を、新入社員の付き添いだと思ったそうである。

筆者は最初、岡本先生が武道の先生とは知らなかった。ただ長年山登りをしていたので、岡本先生とは共通の趣味である山を通して親しくなった。二人で、あるいは会社の仲間と山歩きをしていて、その後、岡本先生が会社でDOMINUS《ドミナス》という山の会を作った。岡本先生が会長で、筆者が計画を立てていろいろなところに出かけた。

冬は奥日光の光徳や戦場ヶ原にクロスカントリーやスキー、ハイキングによく出かけた。岡本先生は北海道時代はスキーを履いて、鹿撃ちによく出かけていたとのことだった。DOMINUSの他の仲間が転んでばかりの中、岡本先生は光徳の森や広々とした戦場ヶ原をスキーで自由に

会社員時代。ハイキングクラブドミナス
(Dominus) での南アルプス仙丈岳登山。

日光戦場ヶ原クロスカントリースキー、湯滝にて。
後列左端に岡本先生、最前列前に筆者。

群馬県妙義山第四石門上、大砲岩近くの岩場にて。
最前列右端に岡本先生。

動き回っていたのが印象的だった。

一方、大東流に関する活動は、筆者が会社に入社する以前から、岡本先生は社内サークルで教えていたのだが、筆者の入社当時、そのサークルは活動を一時中断していた。それを会社の先輩が復活させようと筆者を誘ったのが、岡本先生に指導を受けるようになったきっかけである。ちなみに筆者はそれまで武道・武術を全く習ったことがなく、合気道というものがあるとは知ってはいたが、大東流という名前を全く知らなかった。

●六方会の設立

岡本先生は、1980年（昭和55年）5月6日、東京で道場を開かれた。実は岡本先生は5が並ぶ5日にしたかったようだが、その日は道場が空いておらず、6日の道場開きとなった。

設立当初は幸道会東京支部であったため、同年8月6日付で筆者がいただいた初段の免状は、堀川先生の名義である。幸道会の支部とはいえ、堀川先生の元から離れたことで、岡本先生はご自分で考え、自力で弟子を教えなければならなくなった。

同年10月29日に堀川幸道先生が亡くなり、岡本先生は今日に至る大東流合気柔術六方会を創設される。

岡本先生には北見の幸道会で堀川先生を支えてきた自負があり、会の運営、技の指導法には岡本先生の描いておられた思いがあったのだろう。実際、六方会の創設後、岡本先生に覆い被さっ

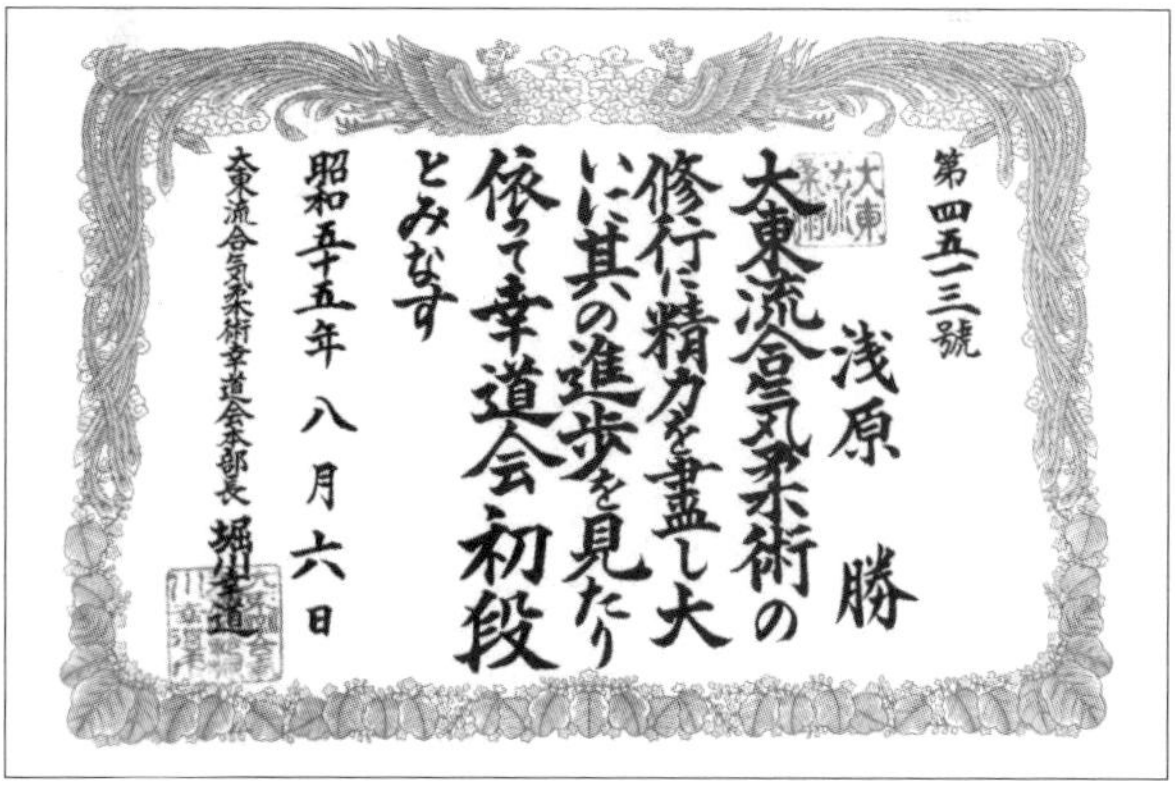
第四五一三號

浅原　勝

大東流合気柔術の
修行に精力を盡し大
いに其の進歩を見たり
依って幸道会初段
とみなす

昭和五十五年　八月　六日

大東流合気柔術幸道会本部長　堀川幸道

筆者の初段の免状

ていた「大東流合気柔術永世名人位・堀川幸道」という重い被いが取れたように筆者には思える。

●六方会の性質と岡本先生の気質

あくまでも筆者の印象であるが、六方会の運営に対する岡本先生の態度は、商売気がなかった。それは、岡本先生の性格と、就いていた仕事とも関連している。

岡本先生が、２００２年に公開された映画「ＡＩＫＩ」（天願大介監督）の主人公を指導する武道家のモデルであったことは、よく知られているところだ。この映画「ＡＩＫＩ」のセリフの中に次のようなものがある。

サマ子（主人公・芦原太一の恋人）「どうしたの」

太一（主人公の元ボクサーの青年。事故で車椅子生活になった）「……（合気道に）入門、申し込んだんだ」

サマ子「えー。やるわねー、見直したわ」

太一　「暇つぶしだよ。あれ、楽しそうだしさ。どうせまた断られる」
サマ子　「あの先生は本物よ。だってサラリーマンなんだもん」
太一　「？」

北見時代の岡本先生は写真製版を自営で営み、東京時代はサラリーマンだった。つまり、岡本先生にとって大東流と六方会の運営は生活費を稼ぐ手段ではなかったのではないだろうか。岡本先生はお酒がお好きだったが、家で飲むより皆に囲まれてわいわい飲むのがお好きだった。月謝も１９８０年（昭和55年）の設立当初から変わることはなかった。

また、サラリーマンであった岡本先生は、時間的に恵まれていたと言ってもよいだろう。業務職であった先生は、稽古のある日は自分の采配で退社が可能だった。

当時の筆者はと言うと、生化学検査の仕事をしており、道場が東長崎にある剣道場・明武館だった頃、私は板橋区中丸町に通勤していた。この頃の筆者の稽古参加は慌ただしかった。稽古日に仕事が終わらない時は、仕事を中断して、自転車で東長崎の道場に行き、稽古が終わるとまた会社に戻って仕事をするということも多かった。このために、筆者は自宅から自転車を会社に持ち込んでおいていた。

岡本先生は技法に関する情報も非常にオープンにされており、今まで大東流が隠していたことも含めて聞かれれば答えていたということも、岡本先生が大東流を商売として見ていなかったと筆者が思う理由である。現在、大東流が一般にも広く知られ、大東流系の団体が数多くあるのも、岡本先生が書籍やビデオで技術を惜しみなく公開した功績も少なからずあるだろう。

さて、岡本先生の作られた六方会の性質について、筆者の思うところをもう少し述べたい。六方会という組織は、団体名としての六方会という名前はあっても、あくまでも岡本先生と弟子との間で作られる個人的関係で成立していたように感じている。ある支部では、岡本先生が来る時には指導される技を練習するが、それ以外は自分たちの武道・武術を稽古していたという話を聞いたことがある。

また、段位に関しても、長い間、岡本先生自身が管理されていた。筆者は東京の茗荷谷道場で教えを受けたが、支部では誰が何段なのか、当時は分からなかったほどだ。

道場に関しては後述するが、１９８８年（昭和63年）に、文京スポーツセンターを利用する以前は、練習場所探しに苦労した。筆者が岡本先生に本部道場の建設を提案しても、「そんなものはいりませんよ」と断られ、道場を持つことにも、強いこだわりはなかったように思える。

武田惣角翁は決まった組織を作らず、請われるがままに出向き、技を教えた。堀川幸道先生は幸道会を作り、完全・不完全の議論は別として指導要綱を作られた。岡本先生は教える拠点として道場や支部を作られたが、指導法は武田惣角的だったと言える。

●岡本先生の横顔

岡本先生は勤めていた会社で、職種、年齢、性別を超えて、多くの人との交流があった。会社は臨床検査という仕事柄、特に若い女性が多い会社で、バレンタインデーに社内で一番チョコレートを貰っていたのは、実は岡本先生だった。

岡本先生は自営時代に、人を雇って仕事をしていたこともあって、社内では弱い立場の人の良き相談相手であり、強い味方であった。

筆者の勤務する検査室の隣には、検査室で使用した器具を洗う洗浄室があった。ここで器具を洗浄するのはパートの女性で、岡本先生はこの洗浄室の現場責任者を務めていた。

一度、岡本先生の勤務日ではない日に、パートの女性が一人も来なかった日があった。その日は朝からパートの女性たちから急用や急病を理由に、「出勤できない」という連絡が次々と入り、結局、就業開始時間には誰も来なかった。そのため、普段彼女たちがしている仕事を、管理職総出で不慣れな手つきで行うという光景が繰り広げられることになった。お陰で、管理職や嫌われ者の洗浄室の上司は、普段ぞんざいに扱っているパートの仕事の大変さが身に染みてわかり、以後は態度がずいぶん改まったという。実は、こうした出来事は、岡本先生の陰のアドバイスがあってのことだったようである。

また、岡本先生は、朝早く出社していた。筆者が朝の休憩室に行くと、岡本先生は物静かに本を読まれていることが多かった。先生は吉村昭、司馬遼太郎、渡辺淳一の本をよくお読みになっていた。

朝の休憩室でコーヒーを飲みながら先生と会話を交わすことが、筆者の一日の始まりであり、楽しみでもあった。六方会の運営についても話すことが多く、また仕事においても、私生活においても、特に苦しい時に岡本先生との会話は、筆者にとって大きな救いとなった。

岡本先生は、60歳の定年後も嘱託で働かれた。この嘱託時代は海外指導へもよく出かけられていた。嘱託時代の岡本先生の仕事は検査検体の保管・管理と、一定期間保管された後の検体の破棄だった。管理する検体の数は膨大だったが、通常はそれを一人で管理し、特に検体が特に多い時でも二人で行わなければならなかった。保管場所が冷蔵・冷凍庫という環境もあって、他の人が入っても長続きしなかった。

岡本先生が会社をお辞めになったのは、１９９８年（平成10年）８月。先生は当時72歳になっておられた。過去に70代まで働いた例はなかった。岡本先生が会社をお辞めになった後、先生のいない休憩室で一人寂しくコーヒーを飲んだことを今でも忘れられない。

●岡本先生の指導のこだわり

指導において岡本先生には最初から最後までこだわられたことがあった。

こだわりの一つは、全員に技をかけることだ。幸道会では、入門者は普通二年くらい堀川先生の手を取らせてもらえず、堀川先生の技を受けたくてもできなかった。岡本先生は、「せっかく習いに来てくれるのだから」と、全員の手を取ると決められていた。それは、入りたての入門者から高段者も同じだった。東京道場では岡本先生が直接全員に教えるため、技をかける順番は並ぶ順番が早いか遅いかの違いで、師範の筆者でも初心者と混ざって練習していた。

筆者が茗荷谷道場（文京スポーツセンター）に在籍していた当時は、会員数も増え、人数に応じてグループ分けをしていた。このグループ分けには、こんないきさつがある。

稽古前に全員が岡本先生の前で段位順に整列して挨拶をし、その後、高段者が先頭になって順番に岡本先生の手を取りにいくことになる。稽古前の挨拶の時は、列の先頭になる者がある程度決まっていて、他の会員はその後ろに自由に並ばせていた。すると、仲良しグループで固まることもあり、各列に人数の偏りができてしまうという弊害が起きてしまった。そこで、段位ごとに順番にグループ分けする方法をとることになった。つまり、このグループ分けは、会員を区別するものではなく、稽古の進め方における配慮だったのである。

個人指導を行わないことも、岡本先生のこだわりであった。先生が所属していた頃の幸道会では個人教授があり、岡本先生は、「（道場で）我々と一回も練習したことがない人で、堀川先生の個人教授で五段を得た人がいた」と話されたことがある。先にも記したように、岡本先生が在籍した当時の北見幸道会では、入門者はすぐには堀川先生の手は取れず、直接教えを受けることはできない。このようなことから、個人教授を良く思われていなかったようである。

岡本先生のこうしたこだわりから、結果的に六方会で一番練習量が多くなったのは、岡本先生ご自身となった。この経験が岡本先生にとって大きなプラスになったようだ。いろんなタイプの人に自ら技をかけ、教えながら自らの修練となったのだ。会員数が増えるほど、岡本先生の練習量は増えていった。

１９９９年の『合気ニュース』秋号のインタビューで、岡本先生は次のように語っている。

「うちの指導方法では、必ず私はお弟子さんに、それが例え何十人いても全部直に技をかけるんです。東京の場合は多い時で80人くらい来る時があります。私はその全員に、古い人にも新しい人にも技をかける。ですから何百回とかけるわけです。他で聞くには、そういうことをしないというんですね。師範はただ見せて、〝これをやりなさい〟という感じで。それは私は詐欺行為であると思います。やはり、六方会あるいは岡本という名前を聞いてここへ来る方ですから、その方に一年も二年も手に取らないのでは詐欺行為だと思います。直接手を取って、それでうまくからなかったら自分が未熟なんだから」

２００８年（平成20年）の米国・ニューヨークでの講習会の時、岡本先生は軽い脳梗塞を起こされた。それ以降、東京道場では一部弟子が代理をすることはあったが、それまでは最後まで岡本先生は直接指導にこだわられた。

脳梗塞後、各支部の指導が困難になり、支部から〝代理の指導者を〟という要請があったが、岡本先生は我々幹部に「私と９９．９パーセント技が同じでなければ駄目だ」と仰ったことをよく覚えている。

なお、岡本先生が全員に技をかけ終わった後は、参加人数に応じてグループ分けするが、高段者から初心者までを混ぜて、弟子同士で技をかけ合う練習方法をとった。この方法が上達も早いという岡本先生のお考えからであった。

岡本先生は、「難しい技、易しい技と、古い人と新しい人と混ざって稽古します。その方が新しい人も上達が早いようです。新しい人は新しい人で分けてやると、お互いに分からないわけですから。古い人も新しい人に技をかけにくいですからね。(新しい人は)おっかなびっくりかかってきますからね。そういうことも教える時のテクニックとしてやっていけば、古い人も一緒に上達してもらうことができる」というお考えをお持ちだった。

●映画「AIKI」と岡本先生

先にも話題に触れた映画「ＡＩＫＩ」は、六方会デンマーク支部のオーレ・キングストン・イェンセン氏がモデルになっている。オーレ氏は16歳の時にバイク事故で下半身不随になり、車椅子生活になった方である。

オーレ氏が六方会デンマーク支部に入会したのは１９８６年。それまでにオーレ氏は、いろいろな武術を訪ねたが、「車椅子では無理」と断られたそうだ。車椅子のオーレ氏の入会に際しては、映画でも描かれたように、岡本先生は自ら車椅子に乗って技をかけてみて、車椅子でもできると判断して許可したとの話であった。実際の指導に当たっては、帯を使って体を車椅子に固定するなど、工夫と苦労があったという。岡本先生は日頃、我々に「来る者は拒まず、去る者は追わず」とは話されていたが、オーレ氏を「来る者は拒まず」だけで受け入れたわけではなく、上半身だけでも技がかけられるという大東流の可能性にご自身も興味を持たれていたように思う。

オーレ氏が1991年（平成3年）11月に来日した際には、「車椅子の武道家」として新聞やテレビで大きく紹介された。そうした記事を見た映画監督の天願大介氏が、10年かけて映画化を実現された。映画化にあたっては、岡本先生の存在が大きく、天願監督は限られたインタビューの中で、岡本先生の性格、武道に対する心構えをよく捉え、映画に活かしていたように思う。

オーレ氏は、1990年（平成2年）の六方会10周年記念誌で、次のように述べている。

「大東流の技は非常に難しいのですが、徐々に少しの技ならできるようになりました。不自由なバランスもなくなりました。稽古により少しずつバランスを取り戻すことができるようになりました。大東流の技が体と病気のところを気で治すのでないかと思っております。不自由な背中と腰の感じが、キムさん（当時の六方会デンマーク支部の代表）の技のお陰で段々良くなってきました。それと共に背中と腹の筋力が無かったのにキムさんが、私に技をかけた時には筋肉が緊張しました。最初は自分で筋肉を緊張させることができませんでしたが、キムさんに繰り返し筋肉を緊張させてもらいました。それによってある筋肉を緊張させることができるようになりました。時々、前には感じられなかった背中にも痛みがあります。大東流によって不自由でも色々なことができます」

このオーレ氏の話は、リハビリテーションとしても、大東流の技の運用を考える上でも、重要な意味を持っている。筆者はリハビリテーションについて学んだことがあるのだが、機能回復訓練における刺激は、ある閾値レベル以上でないと意味がない。

映画 AIKI のモデルとなったデンマーク支部のオーレさん（写真右）。最後列中央は岡本先生の奥様（1995 年筆者自宅にて）。

オーレ氏は大東流の技ができるようになるにつれ、リハビリテーションになっていったと述べている。大東流の技は、体捌きがないと言われる程、動きが速く小さい。相手のスピードが速ければ速いほど、小さく、鋭く、一瞬のうちに反応する。攻撃する方は、自分が仕掛けた以上の刺激が自分に跳ね返る。この刺激・反応が機能回復訓練に大いに役立ったのだろうと筆者は考えている。また、合気道のような大きな動きではなく、岡本先生の大東流が小さく鋭い技だったことが、リハビリテーションとして功を奏したのだろうと思う。

●好奇心と器用さ

筆者は仕事においても、武道においても、上達のための大切な基本的素質は、たゆまぬ好奇心と、本人に備わった器用さであると考える。好奇心と器用さがあれば、そこに必ず創意工夫が現れるものである。

岡本先生は好奇心旺盛で、スキューバダイビングで海に潜られたかと思えば、パラグライダーで空も飛ばれた。しかも、これは東京に出てきてからの50代、60代の頃の話である。

筆者は、岡本先生と月に一度のペースで山登りに出かけた時期がある。岡本先生から「浅原さん、今度の山はどこですか？」と聞かれると、筆者はできるだけ登ったことのない山を選ぶことにしていて、先生もそれを好まれていた。

また、岡本先生はとても器用だった。先生は１９４３年（昭和18年）に久里浜海軍工作学校に入学し、卒業後に百里原航空隊に配属されており、工作はお手のものだった。

岡本先生と筆者が勤めていた会社には当時、容器・用具の製作や機械の補修のための工作室があった。岡本先生は、そこにあった工作機械を利用し、リサイクルでいろんな物を作られていた。吹き矢､ダーツ､水中銃などを自作していて､筆者は岡本先生作のナイフをいただいたことがある。

裁縫もお手の物で、会社のパーティでアイヌの衣装を自作し、「イヨマンテの夜」を歌って拍手喝采を浴びたこともあった。また六方会の旗もご自分で作られたものだ。

そうした器用さは、大東流の技を分かりやすく弟子に説明するためにも発揮された。例えば、短棒を使った技の稽古（94頁参照）があるが、これは手首、肘、肩の使い方、技の方向性を分かりやすく説明するために、岡本先生が考えたものである。ちなみに、この時に使われた短棒は、最初は会社にあったモップの木製の柄を廃品利用したものだった。

●岡本正剛先生の大東流合気柔術を後世に残すために

岡本先生の技の多様さ、切れの良さ、そして技の柔らかさは、こうしたたゆまぬ好奇心と、器用さの結果であると筆者は考えている。加えて、岡本先生の世代にしては大きな体でありながらも体の使い方は繊細であり、太い手首をしていても、関節は柔らかかった。こうした条件が、岡本先生の大東流合気柔術の背景にあったと考える。

岡本先生は２０１５年（平成27年）１月16日、90歳の誕生日（２月10日）を目前にして亡くなられた。

その頃の筆者は、すでに六方会を離れ、２０１０年（平成22年）に「大東流合気柔術研究室」を設立し、大東流合気柔術を後世に伝えたいという想いから、研究・稽古をしていた。

武田惣角翁を大東流の第一世代とするならば、堀川先生が第二世代であり、その弟子の岡本先生は第三世代と言える。その岡本先生が亡くなった時、筆者は深い悲しみとともに、時代の流れの中で大東流合気柔術の技が幻になってしまうのではないかという危惧を抱いた。その想いが、現在まで筆者を大東流の術理の研究に駆り立てていると言っても過言ではない。

▼岡本先生のヨーロッパ指導記

●海外指導の始まり

六方会の最初の支部がデンマークにでき、１９８５年（昭和60年）９月、岡本先生と筆者、武藤氏の三人でデンマークの首都、コペンハーゲンに行くことになった。これが岡本先生の海外指導の始まりである。その時の道中での岡本先生について述べたい。

コペンハーゲンでは、支部長のキム氏の母親の家にホームステイをした。キム氏の母親は、キム氏の自宅の近くに一人で住んでいたのだが、その家は４ＬＤＫの筆者宅よりも広く、我々のために部屋

キム・オットーニールセンさん（写真中央）とその一家。（右の女性は奥さんと奥さんの連れ子の二人の娘さん達）
キムさんは 1985 年ころの明武館時代に、岡本先生の技を見て、関西に行く予定をとりやめにして、その場で入門。その後 1985 年に岡本先生をデンマーク・コペンハーゲンに招聘した。

を空けてくれたのである。

デンマークは高福祉、高負担の国である。所得税は40〜60パーセントで消費税は25パーセント（2016年現在）と高税率だが、学校や病院は無料である。そのため、日本のように病気や生活不安のために貯金をせず、厳しい冬に地中海などの暖かい場所で家族で過ごす為に貯金するという話だ。皆、服装は地味だが、生活は安定しているようだった。

デンマークでの指導は、岡本先生は日本と同じで、練習でも日本語でジョークを飛ばし、不思議なことにこれが結構通じていた。

岡本先生が話す日本語を理解できなくても、岡本先生の言動に意識が集中することで、その口調や表情から、〝何か

右上：正座した岡本先生（写真左）が参加者に指導をする様子。
左上：短棒を使った稽古風景。
左下：セミナー参加者の集合写真。

Amager Posten

21. årgang nr. 40
1. oktober 1985

Ugens sport

Her ses mesteren, Seigo Okamoto til højre under en af træningsdagene. (Foto: Stig Ibing)

Ama'rkaner er bedst udenfor Japan

Kim Nielsen opnåede at blive den første udenfor Japan, der har ret til at bære 1. dan. i kampsporten - Daito ryu Aikijutsu Roppo Kwai

I de sidste 5 dage har mesteren, Seigo Okamoto været på besøg på Amager og afholdt træningslejr for 14 af de dygtigste udøvere i København.

Det var første gang mesteren i denne kampsport har været udenfor Japans grænser med sit system. Kim Nielsen opnåede som den første udenfor Japan at få 1. dan. som gør ham berettiget til at undervise i dette system indenfor kampsporten Roppo Kwai.

En flot præstation af unge Kim Nielsen, der nu er startet op med undervisning hver tirsdag og torsdag på Skolen ved Sundet.

地元紙（Amagaer Posten）スポーツ欄に岡本先生が紹介された。

コペンハーゲンのレストランにて。左の女性は日本に留学経験もある通訳。

ジョークを言っているようだ〟と反応し、思わず笑ってしまっているようだった。武術の習得には意識の集中と反応がとても大切で、デンマークの受講生の大東流の技の理解は早かった印象がある。

デンマークの稽古に参加した人の中には、身長190センチ代、体重100キロ近い会員もいて、体重が60キロにも満たない筆者などは技がかかるかどうか心配だった。ところが、岡本先生は日本にいる時と同じように大きな男性を投げていた。筆者もこの海外指導を通して、体が大きい相手でも、力まずにごく普通にやれば技がかかることが分かると共に、自信にもなった。

●ドイツ旅行

9月26日、コペンハーゲン駅で見送りの人たちに別れを告げ、夜行寝台でドイツ（当時は西ドイツ）のハンブルクに向かった。

ハンブルクでは塙《はなわ》さんという女性に会うことになって

コペンハーゲンからハンブルク行きの寝台夜行列車にて乗り込む。右の女性は見送りに来てくれたキムさんの奥さん。

いた。塙さんは青山学院大学を出て、ハンブルク大学で心理学の研究生活を送っていた。その誘いを受けてのドイツ旅行だった。彼女とは健康・武道道場「飛龍会」を主催した、今は亡き伊藤昇先生との関係での知り合いで、東京の稽古に参加したことがあった。

塙さんは、非常に上品な女性で、筆者が下町長屋の八っつぁん、熊さんだとすると、彼女は殿様の奥方かお姫様である。話し言葉も丁寧で、筆者などは話していると彼女の話し言葉につい引き込まれて、普段とは違う言葉使いで、呂律《ろれつ》が回らなくなることもあった。

ハンブルクには9月29日の早朝6時頃に着いた。駅で塙さんと待ち合わせしていたのだが、約束の9時まではかなりの時間があった。駅で待っている間にトイレに入ろうとすると、入り口で止められてしまった。そこは

ハンブルグのビアホールにて。

ハンブルク駅にて。

どうやら有料トイレのようで、チップを要求された。ところが、デンマークを出国する際に、当時のドイツの通貨マルク（当時はＥＵ統合前であった）に両替するのを忘れていたのだった。デンマークの通貨クローネを見せても駄目で、誰もマルクを持っておらず、両替所が開くまで我慢することになった。しかし、緊張していると、次第に小だけでなく、大きい方もしたくなり、冷や汗が出てくる。なんとか状況を身振り手振りで訴えても入れてもらえない。ようやく両替所が開き、クローネをマルクに替えて、読めもしない新聞を買ってコインを手に入れ、何とかセーフ。後で大笑いとなった。

その後、合流した塙さんによると、無人のトイレは危険で、チップは安心料だという。

その日の昼は塙さんの案内で市内観光をし、夕方に地下鉄に乗って繁華街に出かけた。地下鉄には改札口がなく、自由に出入りができ、自転車を電車に持ち込む人がいて驚いた。

夜は塙さんが取ってくれたアルスター湖に近い民宿に泊まることになった。この民宿は、大きな屋敷を解放して宿泊施設にしたものだという。

●ガルミッシュ・パルテンキルヘン

翌日はヨーロッパの山を眺めようと、南のオーストリアに近いガルミッシュ・パルテンキルヘンに行く計画を立てていた。冬季オリンピックも開かれたことのある場所だ。

日本でドイツ国鉄のフリー切符を買ってあったので、ハンブルクからミュンヘン行きの夜行寝台に乗り込んだ。翌朝、ミュンヘンで汽車を乗り換え、ガルミッシュ・パルテンキルヘンの駅で降りた。駅のレストランで食事となったのだが、メニューがドイツ語で全く分からない。そこで隣のテーブルの夫婦を見ると、ジャガイモ、タマネギなどの入ったスープに豚肉らしき大きな骨付き肉の固まりが入った料理を食べているのが目に入った。

「先生、あれでいいですか？」と筆者が聞くと、「あれにしよう」と先生。

ところが、いざ食べてみると骨付き肉は油こくって、味も薄味、しかもボリュームたっぷりで、最後まで食べ切れなかった。名前は忘れたが、この料理は南ドイツの一般的な家庭料理であると、後で知った。

次にインフォメーションサービスで今夜の宿を取ることになった。デンマークでは会員の家でホームステイ、ハンブルクでは塙さんが宿を取ってくれていたので、自分達で取るのは初めてだった。ただでさえ筆者は英語が下手なのに、緊張してうまく通じない。冷や汗をかきながら、何とかパンシオン（ペンション）を取ることができた。

インフォメーションの女性が宿に電話を入れてくれた際に、「英語のうまい日本人が行くからよろしく」と言ったようで、岡本先生の話では、その場がドッと沸いて拍手が起きたそうだ。

この日宿泊したパンシオンは清潔で駅から近く、一泊朝食付きで一人75マルク（当時は1マルク、80円くらい）程度だった。

●ツークシュピッツェ

我々はドイツで一番高い山、ツークシュピッツェ（2966メートル）に登る計画を立てていた。山好きの岡本先生と筆者は、どうしてもドイツの山に登ってみたかったのだ。日本で言うと槍ヶ岳や穂高のような岩山である。ただし、登山鉄道とロープウェイで直接山頂に立てる。その登山鉄道の駅にカタカナで駅名が書いてあり驚いた。

登山鉄道から下りてロープウェイの駅を探したが、会った人に聞いても要領を得ない。後で分かったのだが、我々がロープウェイと思っていたのがケーブルカー（cable railway）で、ケーブルカーと思っていたのがロープウェイだったのだ。この山にはその両方があったので話がややこしくなっていた。

ツークシュピッツェの山頂のテラスには、宿泊施設があった。それは日本の山小屋とは比べものにな

ドイツ　ガルミッシュ・パルテンキルヘンから見た、ドルツ最高峰ツークシピッチェ。

らない立派なホテルだった。日本ならば奥穂高岳山頂にホテルがあるイメージで、我々が登った日は好天気で、遠くスイス・アルプスまで一望できた。我々は山頂のテラスで、まさにブルースカイに浮かぶアルプスの山を眺め、大感激した。筆者は「山、山……岡本先生、素晴らしいですね！」と叫びながら、夢中でカメラのシャッターを切った。

翌日、当初はツークシュピッツェの後はフュッセンに出て、有名なノイシュヴァンシュタイン城を見たいと思っていた。そのため、フュッセンからバスでロマンティック街道を北上してフランクフルトに戻る計画を立てていたが、10月はバスが冬ダイヤになり、バスの起点がミュンヘンになっていた。

ミュンヘンのバスの発着時間は朝の8時で、とても間に合わない。しかたがなく、汽車でミュンヘンを経由してフランクフルトに出た。

途中、ヴェルツブルグで下車して市内を観光し、その日はフランクフルトに泊まった。

翌日、フランクフルトから列車に乗り、マインツに行った。マインツからコーブレンツまでライン下りを楽しみ、快適なドイツ国鉄の特急でフランクフルトにまた戻った。

そして、フランクフルトからモスクワ経由で帰国の途についた。なんとも忙しい旅であったが、楽しい旅でもあった。

第二章　技術と指導の変遷

▼六方会の変化と指導法の変遷

●六方会創設期の状況

岡本先生の技と指導の変化は、道場と会員数の変化（会員の増加）によることが大きい。

先にも記した通り、１９８０年（昭和55年）５月６日、六方会は当初、幸道会東京支部として創立された。この時代は平和台のスイミングスクールの体操練習場が稽古場だった。

初期の会員数は10名程。岡本先生と筆者が勤めていた会社関連の人が５名、岡本先生のお嬢さんとその知り合いの方が数名、もともと合気道をやっていた中学教員の方、札幌で幸道会に所属したことがある方であった。ただ、参加者は決して多くなく、時には岡本先生と筆者のマンツーマンのこともあった。

練習場はコンクリートにＰタイルが貼られていて、その上に会社の応接室から払い下げられた絨毯を敷いて行われたが、受けを取るのはかなり痛かった。武道経験が無く習い始めの筆者は体中痣だらけになり、足腰も痛くて、稽古の後は階段の上り下りが大変だったことをよく覚えている。この頃は、私を含めて受身ができない人が大部分であった。

六方会創設期は、岡本先生が見本を示して、それを真似する稽古が多かった。私は技を覚えるのが精一杯で質問する余裕もなかった。岡本先生からは「こうするんだよ」と動作の説明はあったが、まだ理屈や原理の説明はなかった。

岡本先生が幸道会に入門した当時、手の皮がむけるほど練習した外し手の稽古（44〜45頁）については、六方会創設期に筆者も習ったが、そのうちほとんどやらなくなってしまった。当時は基本技の練習が多かった。この基本技については別項を設けて紹介したい。

●衝撃を和らげる受身

１９８０年（昭和55年）の秋、道場は東長崎の明武館に移転した。明武館は板張りの剣道場で、床にスイミングスクールと同じ絨毯を敷いたが、やはり床が堅かったことを思い出す。

このスイミングスクール時代と剣道場時代に、痛くない受身を教わった。投げられた衝撃を和らげて体に伝えない受身である。投げられたその場で受けを取るのだが、手のひらと足の裏で床に接触して、瞬間的に体を浮かせて体に衝撃が来ないようにするのだ。手のひらを着地の瞬間に窄《すぼ》めると、床との接触面積を少なくでき、かつ手の内に空気層ができて衝撃を軽減できるのだ。

外し手（外手）

1

2

1～2
相対し、受けが左手で、取りの右手を掴む。

3

3～4
取りは右手を体の中心に引き寄せて、手首を返し、相手の指から自分の手首を抜く。

4

5

5
抜いた手を手刀にして、受けの顔面あるいは首に当て身。

外し手（内手）

1～2 相対し、受けが右手で、取りの右手を掴む。

3～4 取りは右手を体の中心に引き寄せて、手首を返し、相手の指から自分の手首を抜く。

5 抜いた手を手刀にして、受けの顔面あるいは首に当て身。

左に受けを取る時は、手が着くとともに右足底で受けを取る（右の場合は左足底）。

受身の練習法は、左に受身を取る場合、相手の後ろに立ち、左手で相手の胴着の左肩を軽く掴んで、その場で一回転して受身を行う。この時、できるだけ自分の位置が変わらないようにする（48～49頁）。ただ、通常の稽古の中では受身の練習はしなかった。岡本先生は、「受身の練習は時間がもったいない。自宅の布団の上でやれば良い」と仰っていた。

この投げられた衝撃を和らげる受身は、この頃に行われていた技の性質にも関係している。実戦の場を想定した場合、敵を大きく投げてしまうと、敵は立ち上がって再び攻撃してくる可能性がある。それを防ぐために、敵をその場に投げ落として、そのまま止めを刺せる方法が有効である。このような、その場で落とす投げに対しては、衝撃を和らげる受身が必須になる。岡本先生に投げられた時は、スーと体が浮いた瞬間にその場で床に叩き付けられた。そのため、どんな技が来るか分かっている時は対応できるが、乱取りではどんな技が来るか分からないため非常に怖かった。確か１９８８年（平成63年）の日中友好10周年国際シンポジウムでの演武で乱取りを披露した時だったかと思うが、私が岡本先生を掴んだ瞬間に足下に投げられ、受身を取り損ねて肩を打ってしまい、その後、肩が痛くて上がらない日が何日も続いた。

１９８８年（昭和63年）に、文京区大塚文京スポーツセンター柔道場に移転した。この柔道場の畳はスプリングがよく効いていて、受身が痛くなくなった。また、会員数も増えたこともあって、次第に次々と投げ飛ばす流れ稽古になっていった。

著者が六方会に在籍していた２０１０年（平成22念）当時には、岡本先生の古い技の仕掛けを知る人が高段者の中でも少なくなっていた。著者が時折、昔岡本先生から習った、投げた時にスーッと体が浮いたり、投げた瞬間に引き寄せる受身が取りにくい技を見せると、当時五段の会員氏が、「（著者には）危険なクセがある」と岡本先生に話したことがあったようだ。それだけ、岡本先生の技術の変化・進化があったということだ。

●通常稽古では行われなくなった技

先に述べたように、実戦を想定した場合、投げるだけでは相手は何度でもかかってくることになる。つまり、敵の攻撃を捌いた後は、敵の反撃を絶つことが重要になる。敵の反撃を絶つには、敵をその場で投げ落とす技の他に、敵の動きを止める、あるいは敵の体勢を崩して反撃を封じる、または当て身で敵にダメージを与えて行動不能にする、究極は敵に止めを刺すことになる。もちろん、現代では護身といえども、肋骨や腕を折ることはできず、稽古で行う当て身も真似だけである。

現代の護身術として有効なのは、敵の行動を封じることである。岡本先生は、これを「固め」、あるいは「固め技」と呼ばれていた。敵の攻撃を捌いた後に、身動きが取れないようにする技で、多人数でも、一人でも使われる。

受身の稽古法

1 補助者の左後ろに立ち、補助者の左袖を左手で掴む。

2~4 できるだけその場で回転する。

5

6

5~6 手が床に着くとともに、足裏も床に着く。

6'

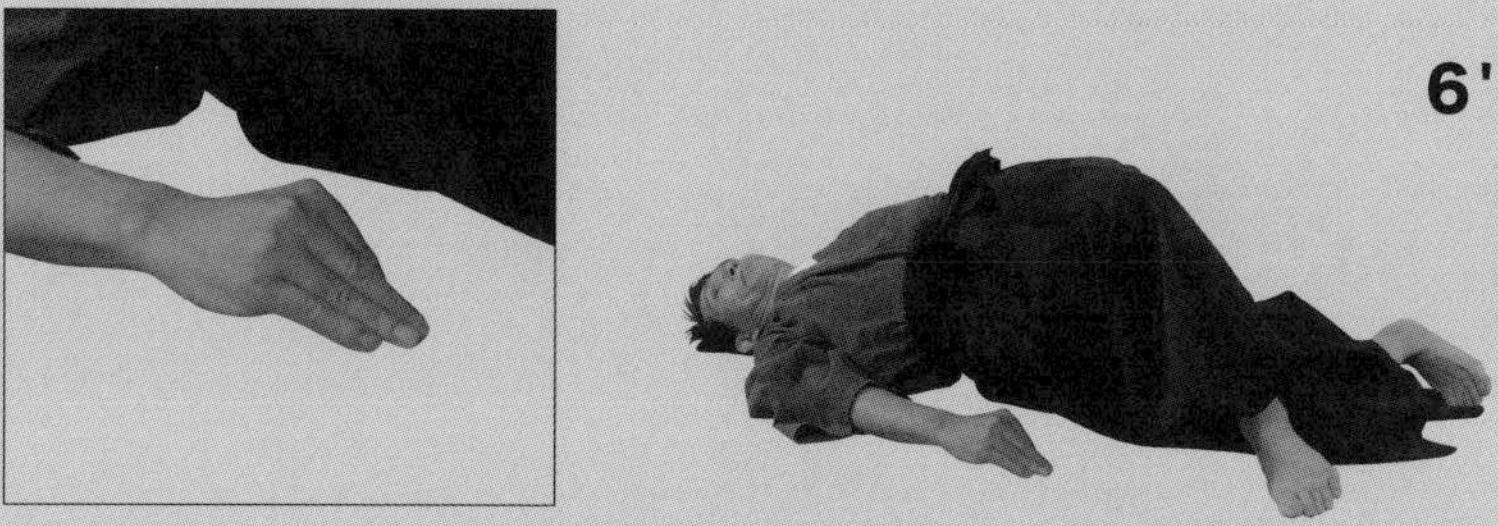

受身を取った時の、手と足の形。手のひらを窄めて、中に空間を作る。
また、足で着地して、腰を浮かせることで、体を衝撃から守る。

六方会創設期、岡本先生は固め技をよくされていた。ただ、東京道場の会員数が多くなったこともあり、通常練習ではあまり行わず、合宿のような時間の取れる場合にのみ行っていた。ただし、支部での指導では人数が少なく、東京道場とは状況が異なったようだ。

また、岡本先生の身体的な理由から指導しなくなった技もある。

岡本先生は２０００年（平成12年）頃までは正座ができたが、次第に膝を悪くされ、座取りは胡坐で技をかけるようになった。亡くなる前は椅子に座って技をかけることもあったようだ。胡坐や椅子の場合、半身半立で行われるような転身が難しくなるため、筆者が知る限りは、立って転身するような技は指導をされなくなったように思う。

●技のスピードに関する工夫

初期の頃から２０００年（平成12年）頃までは、指導の際に同じ技を二回されることがあった。一回目はゆっくりと、二回目は通常のスピードで行い、ゆっくりと行うことで手の動きと、体の使い方を見せるためであった。

岡本先生は「本当は早くやったほうが技はかかりやすい。ゆっくりやると力が入ってしまいますから。いろいろ工夫しています」と仰っていた。しかし、晩年の岡本先生はゆっくりやっても技が滑らかで、柔軟な動きで技をかけられていた。

▼基本技について

●指導要綱三部作

六方会には、「基本技」と呼ばれるものがあった。この基本技が生まれたのは、幸道会編の『指導要綱三部作』からである。

幸道会の支部が日本各地にできると、堀川先生が巡回指導をすることになった。だが、堀川先生が不在時に具体的に何をどのように指導してよいかが分からない。そこで〝指導の手引書を作って欲しい〟という要望があり、それに応えて作られたのが『指導要綱三部作』である。これは、堀川先生を中心に岡本先生を始めとする当時の指導者が相談して作られたという。

この『指導要綱三部作』は、その名の通り第一巻から第三巻まであるが、各巻の冒頭に「基本技」が書かれている。六方会でも初期の頃、岡本先生は基本技を練習の技として掲示していた。

幸道会編と六方会編を比べると、六方会編には後技と合気の間に手首技が挿入されている点に違いがある。

筆者の考えでは、この基本技には明確な定義はなく、初伝、初歩の手というわけではないようだ。ただ、この基本技をスムーズに行うことができれば、合気も自由に使えるようになると筆者は確信している。反対に言えば、合気が自由に使えるようになれば、あまり力を使わずに基本技を使うことができるようになるのだ。

　基本技には合気柔術の術理の秘密が隠されているが、それだけ行えば身に付くわけではなく、幅広くステップバイステップで地道に稽古することが肝要であると思っている。合気技だけ習えば良いというわけではないのだ。急がば回れである。

　幸道会編の指導要綱には、技の名前（受手かまえなど）、先手（正面打など）、術技（開指手首を……）が簡単な説明が書かれているが、六方会の基本技の表にはそのような説明は書かれておらず一覧表のみである。

　この基本技は１９８７年（昭和62年）から１９８９年（平成元年）に行われた秩父小鹿野合宿では、一覧表にして壁に貼られ、岡本先生がかける技を我々弟子も稽古した。

　１９８８年(昭和63年)の文京スポーツセンターへの移転後、通常稽古とは別に指導者講習会(奥儀参段以上)で基本技の指導が行われていた。すべての基本技を丁寧に行えば一日では終わらず、この指導者講習会は残念ながら数回開かれただけで終わってしまった。

大東流合気柔術基本技　幸道会編

受手かまえ	正面、横打の受
掴み	手首、掴み、片手、両手、内手
打手	正面打、横打、左、右
胸取	片手、両手
突手	真向、喉、胸、腹、（体交し）
座取	内、外、捻倒、拍手
掴技	片手、両手、掴み、押取技
首締取	両手、（左右）後片手
胸掴	片、両手、上下
肩取	片、両手、掴み
袖取	片、両袖掴み、内外
短刀技	切付、突、真向
後技	両手、片手、肩取
合気	基本の練習

大東流合気柔術基本技　六方会編

受手かまえ	正面、横打の受
掴み	手首掴み、片手、両手・内外
打手	正面打、横打、左右両面
胸取	片手、両手
突手	真向、喉、胸、腹（体交し）
座取	内、外、捻倒、拍手
掴技	片手、両手、掴み、押取技
首締取	両手（左右）後片手
胸掴	片、両手、上下
肩取	片、両手、掴み
袖取	片、両袖掴み、内外
短刀技	切付、突、真向
後技	両手、片手、肩取
手首技	天地、前後、左右
合気	基本の練習

「基本技」の例1　座取　両手胸掴み

1

2

3

4

4'

1　座して相対し、受けが両手で取りの胸襟を掴んでくる。

2～4　受けの両腕の間に左手を差し入れて、左手刀を立てるように受けの左肘を極め、受けの体勢を浮かせる。

5〜8

立てた左手刀に、右手掌を当て、その弾みを使って受けを左に投げる。

受けの肘関節の構造を利用して崩し、投げる。

「基本技」の例2　座取　正面打ち

1~2
座して相対し、受けが右手で取りの胸襟を掴み、左正面打ちをする。

1

2

3

4

5

3~5
受けの左前腕部を左手刀で擦り上げるように受けて、手首を掴む。同時に右手で受けの右手首を下から掴む。

6〜9
受けの左手を下げて、自分の体に引き付け、右手を上げて、受けの両腕を絡ませる。そのまま左に投げる。

6

7

8
9

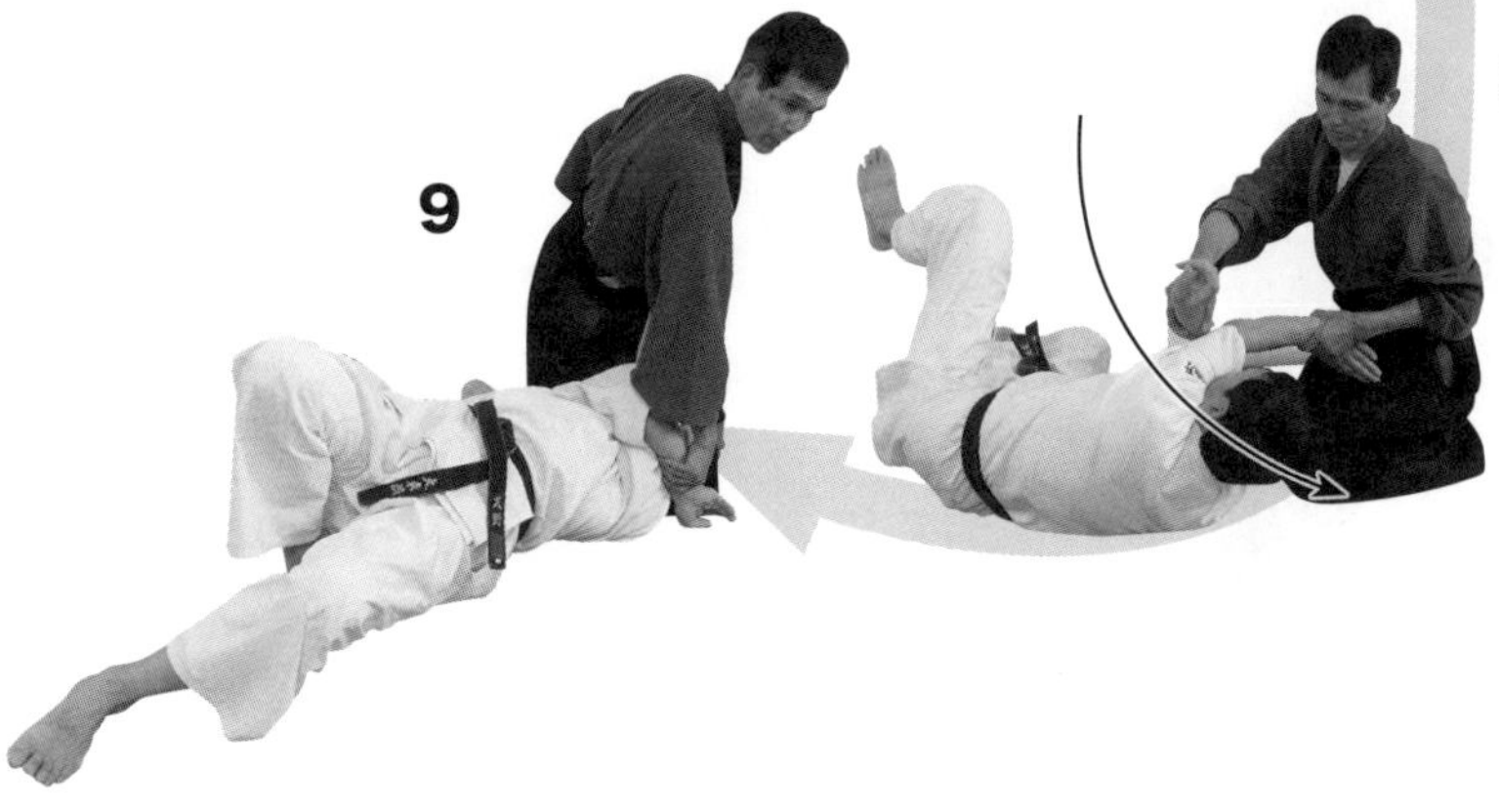

9'

投げた後は、受けの右手を受けの首に差し込んで、手と膝で受けの首を固め、左拳で当て身。

「基本技」の例3　座取　横面打ち

1～2

座して相対し、受けが左手で取りの胸襟を掴み、右横面打ちをする。

1

2

3～4

右横面打ちを、手刀で前腕を擦り上げるように受ける。

3

4

5～7

左手刀で、受けの右手を右へ送り、右手で下から掴む。

5

6

7

8

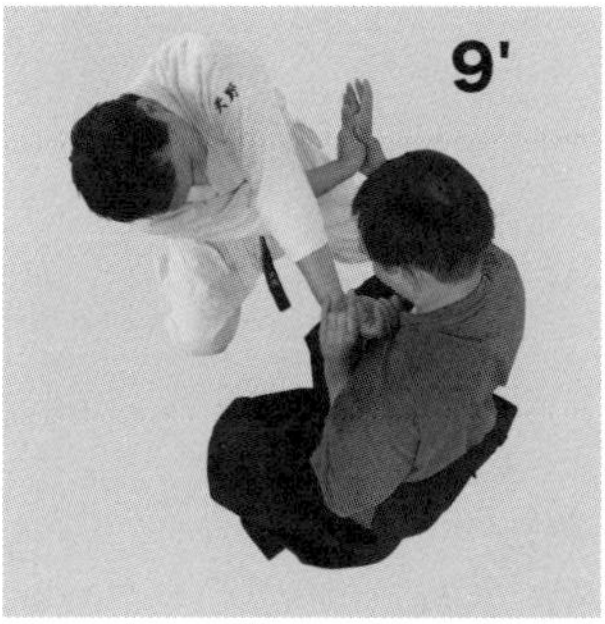

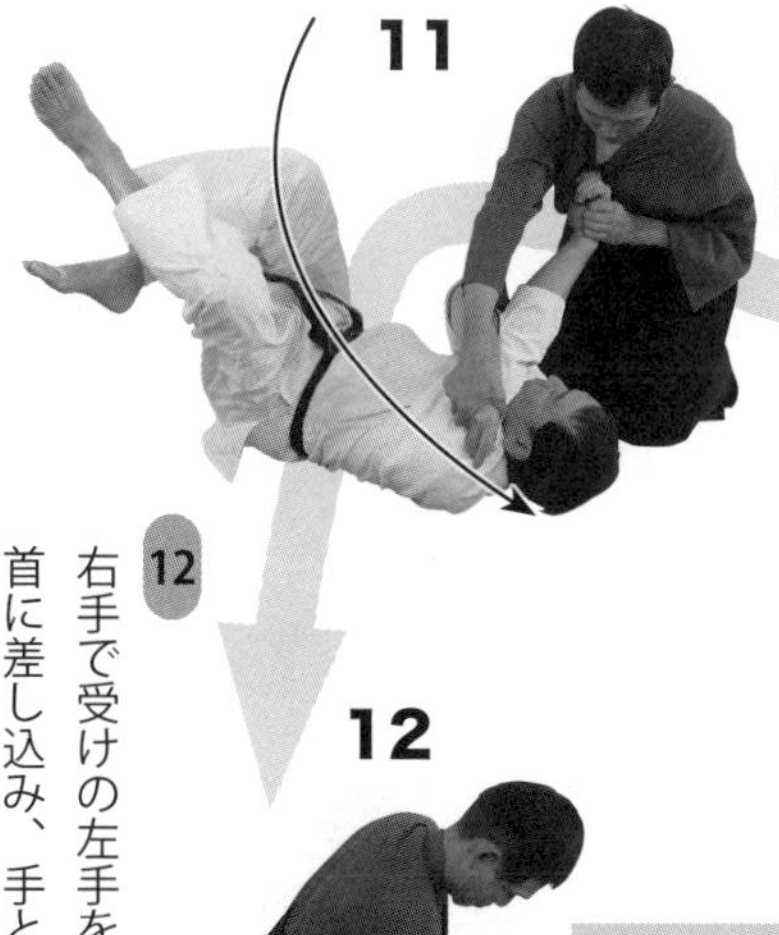

8〜11 左手で受けの右手を上から掴み、受けの両腕を絡ませる。そのまま右に体を回して、受けを投げる。

12 右手で受けの左手を首に差し込み、手と膝で受けの首を固める。左拳で当て身。

「基本技」の例4　座取　両手横面打ち

1～2
座して相対して、受けが両手で横面を打ってくる。

3～4
横面を打たれる寸前に、両手の手刀を開くようにして、受ける。

5～8
右手は肘上を肩に擦り上げるように上げ、同時に左手は肘上から擦り下げるように引き寄せて投げる。

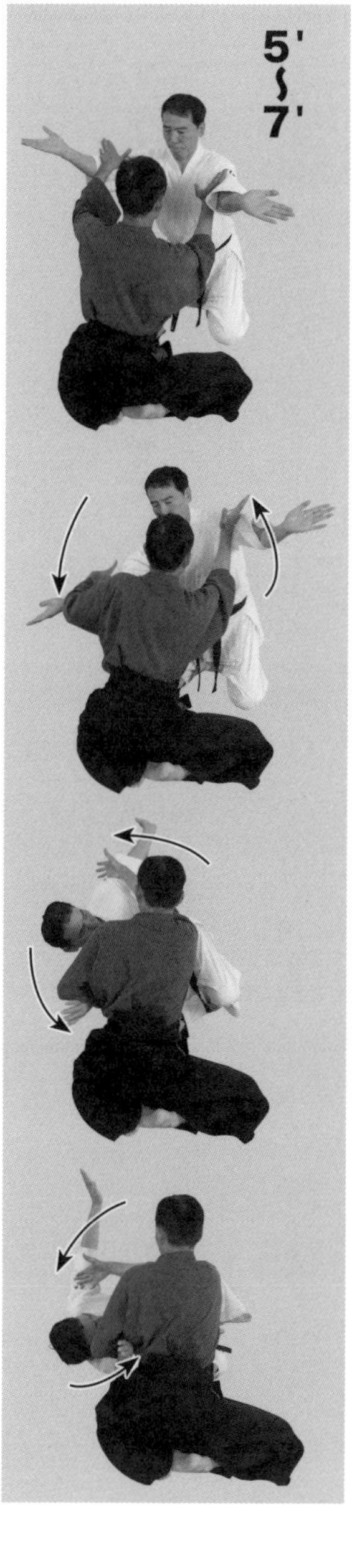

9～12 受けが左に回転して転ぶ時、右手で受けの右手首を掴み、受けの体が床に着く直前に引き寄せる。受けの頭を左膝で攻めて固め、左手刀で当て身。

▼岡本正剛先生の技の変化（進化）

岡本先生の技は、年を重ねるにしたがって小さくなり、角が取れて丸く、柔らかくなっていった。また、同じ技でも手順がよりシンプルになっていった。私が見た最後の頃の岡本先生の技は、ゆっくりでもかかり、傍目には動きが見えにくくなった。こうした岡本先生の技の変化は、進化と言えるだろう。ここでは、岡本先生の技の変化について具体的な例を示したい。

●柏手手首返

左ページのイラストは、１９８５年（昭和60年）に発行された『大東流合気柔術』（スポーツライフ社）に掲載された「柏手手首返」の写真をもとにイラスト化したものである。（１）正座で向かい合い、（２）手を掴まれて、（３〜４）柏手を打ち、（５）手首を返して投げる、という手順である。

晩年の岡本先生は、「はい、両手で手を掴んでください」と言って弟子に両手を掴ませると、その場で手首を返して投げる、見た目には極めてシンプルな動きになった。ただ、この岡本先生のシンプルな動きのうわべだけを真似しても技はかからない。小さな動きの中に攻めどころ、崩しがあるのだ。そのためには、基本の型を繰り返して習得しないと、岡本先生のシンプルな技は

岡本先生の柏手手首返

1 「はい、両手で手を掴んでください」

1

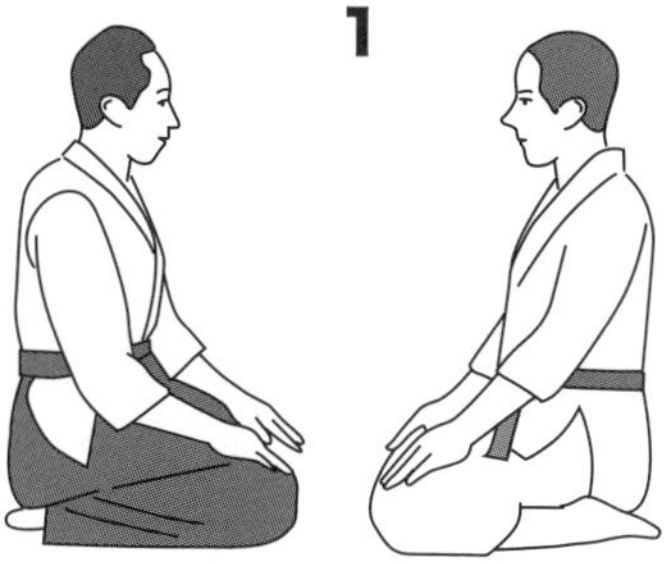

2 手を掴まれる。

2

3~4 柏手を打つ。

3

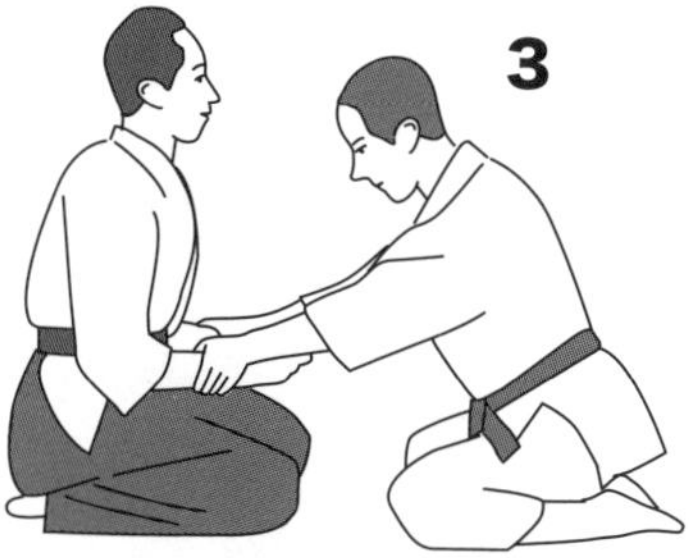

4

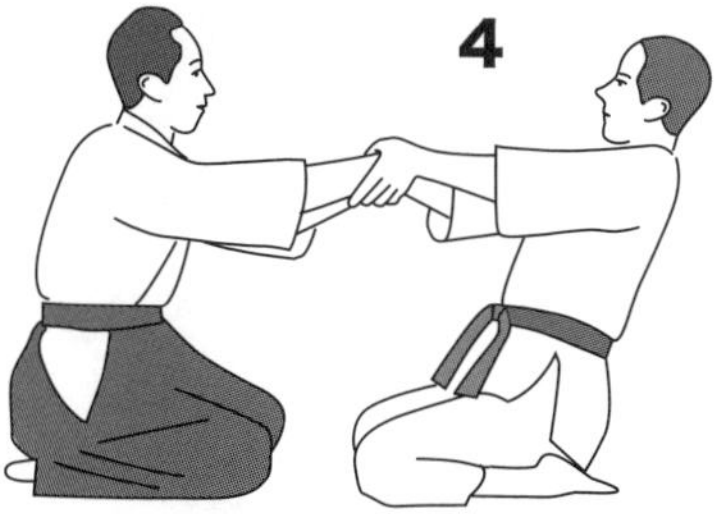

5 手首を返して投げる。

5

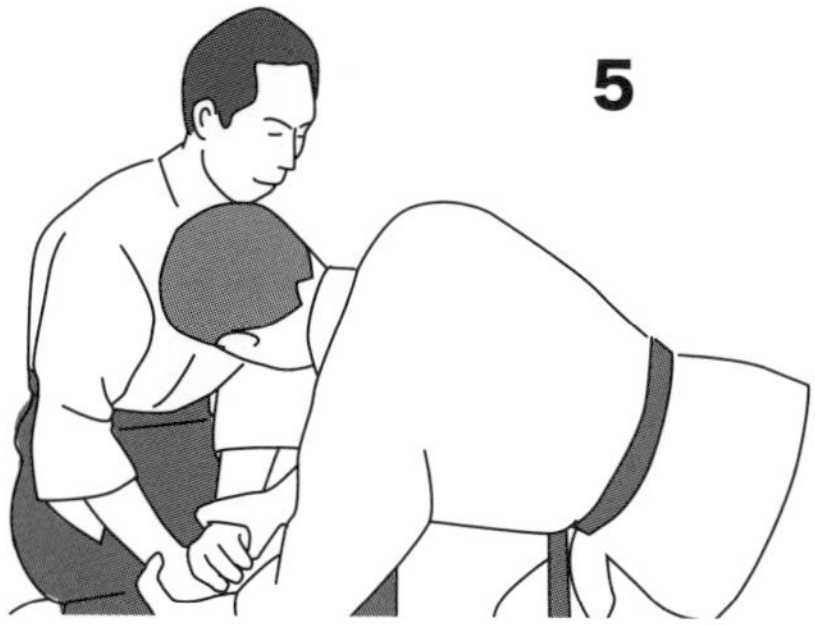

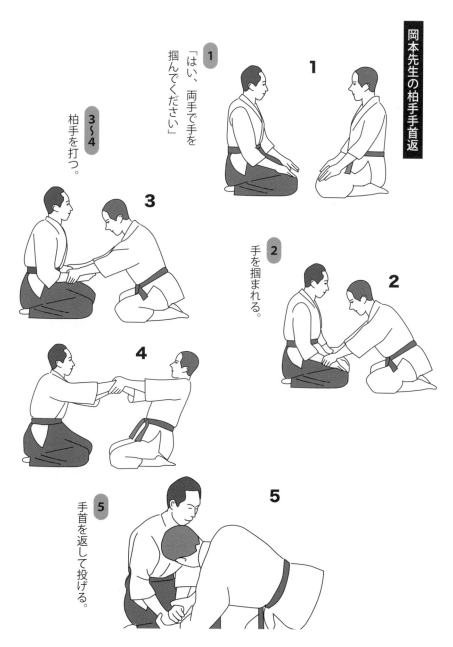

柏手手首返（基本形）

柏手手首返（晩年形）

晩年の岡本先生の柏手手首返の動作を再現し、基本形と比べてみた。

晩年形の方が、動きが小さく、シンプルになった。

だが、晩年形をそのまま真似しても、技は掛からない。基本形の動作に含まれるエッセンスが含まれていなければならない。

基本形の3〜8、晩年形の3〜5の動きに注目してほしい。

柏手手首返（基本形）

柏手手首返（晩年形）

66～67頁の動作を単独で示した。

右手を返しただけのように見えるが、エッセンスは共通しており、動きが小さくなった分、受ける側にとってはなぜ技が掛かるのか、ますます理解ができなくなった。

柏手小手返（基本形）

柏手小手返（晩年形）

晩年の岡本先生の柏手小手返の動作を再現し、基本形と比べてみた。
基本形の4~5で、右手で受けの手首を取り（逆手を取るため、受けは手首がかなり痛い）、いったん左に振って右に戻しながら左手を添え、投げる。
晩年形は柏手と手を掴み返す動作が同時に処理され、投げる動作も小さくなった。受けの手首の痛みは少なく、まさに「くるり」と投げられるイメージだった。

柏手小手返（基本形）

柏手小手返（晩年形）

70～71頁の動作を単独で示した。
手を掴み返す動作で相手を崩し、小手を返す動作も小さくなった。

分からないだろう。

私が東京道場でこの柏手手首返を指導していた際は、「岡本先生は昔はこうでしたが、今はこうやっています」というように、以前の動作と併せて指導することにしていた。このような指導をしたのは、そのまま岡本先生の技を真似ても技はうまくかからない場合があるのと、会員が「岡本先生と技が違う」と混乱することを防ぐためでもあった。

●合気上げ、合気下げにおける指の開き方の変化

岡本先生の「合気上げ」と「合気下げ」にも変化があった。左ページのイラストは、1985年にスポーツライフ社から刊行された『大東流合気柔術』に掲載された「合気上げ」と、1999年に刊行された気天舎から刊行された『大東流合気柔術』に掲載された「合気上げ」を再現したものであるが、比べてみると大きな違いが二つあった。

一つはステップの違い、もう一つは指の開き方である。

まず、ステップについては、1985年では大きく動いており、1999年ではほとんど動いていない。また、指の開き方については、1985年は手の指の開きが大きく、1999年では開き方が小さく、柔らかくなった印象である。

技を仕掛ける時、指の開き方は重要である。技の仕掛けがうまくなれば、必然的に小さな力で技がかかる。するとステップは小さくなる。つまり、ステップの大きさは、ここでは付随的な問

1985年の合気上げ

1999年の合気上げ

題なのだ。

また、1997年（平成9年）か1998年（平成10年）の秩父の合宿だったか、筆者は岡本先生をビデオで写そうとしたことがあったが、岡本先生から「写さないで」と言われたことがある。その時は、理由がよく分からなかったが、後になってその理由が、その際には技を仕掛ける時、前掲の書籍に掲載された写真と同様に、当時の岡本先生が手を開いて技をかけていたことに気づいた。

実際、1999年に気天舎から新しい『大東流合気柔術』を出した頃から、岡本先生は「六方会の技にグー、チョキ、パーはない」と手の開きに厳しくなった。

●指の開きと反射

指の開きと技の関係を解説する。読者もご自分で試してみて欲しい。

まず右手で自分の左手首を掴む。そして、左手を握った状態にしたままで、前に出したり引いたりしてみる。掴まれた手首の皮膚が緩んでいて、左手を前後に動かすことは可能だ。つまり、掴んだ右手も前後に動かせる。

次に、今度は左手で右手首を掴む。右手は最初は握った状態にしておくのだが、そこから手に付いた水を弾くように指を伸ばす。すると、左手は無意識に強く掴んでしまうだろう。これは反射によるものである。

岡本先生は「掴まれる時に、相手がコチコチに固めて掴んでくれると、かける方は楽なんですけどね。コチコチになるということは、体が一つの塊になっているということですよね。それが柔軟にこられると、それを一瞬硬直させねばならないわけです。その時、条件反射で硬直させるわけです」と仰っていた。

なお、岡本先生は「条件反射」という言葉を使われたが、これは条件反射ではなく、生理学的には「逃避反射」と言った方が正確であると筆者は考えている（反射については、第二編第五章〔220頁〕を参照）。

指の開きについては、これだけでは終わらない。

技を仕掛ける時に、指を開いたままでは手首の関節の動きが悪いのだ。

そこで、反射を起こさせる瞬間に指を開くが、すぐに指は閉じて、投げる方向に指先を向けると投げが容易になる。

大きく動くということは、体を補助的に動かしながら使うということだ。あるいは力を使って相手を動かし、投げることになる。ところが岡本先生の大東流合気柔術は、掴まれた位置で技をかける。そのことについて、岡本先生に次のように語られている。

「ある作家の方が取材に来て、後日、その体験記というものを読んだのですが、〝足捌きがなかった〟と書かれていたんですね。足捌きといっても、私はこう大きく動かないんですよね。だから、見られなかったんですね、足捌きがあるかないか」

さらに岡本先生は、「大きく動くと相手につけいれられます。スキができるんですね。相手がつけいる間がないように小さく動いているわけですから」とも話されている。

また、岡本先生は技の運用にあたって「敵と自分が離れていたら、相手に掴まれた手の位置はそのままにして、手に体を寄せて体から離すな」と仰っていた。これらは、小さな力で大きな効果を生み出す方法の一つだ（152頁からの力学的考察の章を参照）。

●合気の理論化の過程

岡本先生は、大東流の技の運用の基本原理を「円運動」、「（条件）反射」、「呼吸」から成ると説明されていた。

武道・武術雑誌『秘伝』（BABジャパン）の2007年12月号では、次のように語られている。

「大事なことは、呼吸と合気上げと合気下げの円、それから相手に掴まれた時の条件反射。この三つが一つにならないといけない。この三つを一つ一つやってはだめなんです。条件反射と円と呼吸の三つを一緒にやる。短時間でね。零点何秒か、まあ長くても一秒でしょうね。そうするともう力もはいらないんです。ただ瞬間的にはかなりのパワーというか、ボルテージがあがるわけですね」

岡本先生がこうした基本原理を積極的に語るようになったのは、1990年代のようだ。この頃、雑誌やビデオで岡本先生の大東流合気柔術を取り上げられることが多くなった。国内の支部はもちろんのこと、デンマークを始めとする北欧の国々へは毎年のように指導に出かけていた。インタビューで質問を受けた際や、実際の指導の場面で、原理・理論の説明する必要に迫られたと言えるだろう。逆に言えば、こうした取材や指導の中で理論が作り上げられた部分も少なからずあるように思う。

１９８０年（昭和55年）５月、平和台のスイミングスクールで岡本先生が大東流を教え始めた当時は10人程度の会員しかおらず、私を含め受身ができない初心者が大部分であったため、技の原理について説明を求められることはほとんどなかった。

ただ、岡本先生が東京に道場を開いた頃、「円や球の動き」について話してくれたことがあった。北海道北見での修業時代、岡本先生は移動手段で大型バイクに乗っていた。そのバイクに乗るヘルメットをいじっているうちに、〝これだ〟と思ったそうだ。

同年の秋、東長崎の明武館に移ると、次第に武道の経験のある会員が集まり始めた。

１９８４年（昭和59年）12月、雑誌『マーシャルアーツ』（スポーツライフ社）№.４にスポーツサイエンスライターの竹内海四郎氏が「触れると技になる合気柔術をめざして」という記事を掲載し、岡本先生の大東流合気柔術を解説している。

内容は岡本先生の入門時代の思い出話であり、技の披露はあったが基本原理についてはほとんど語られていない。記事の最後に、竹内氏は「合気の技」について次のように述べて締め括っている。

「合気の技には、中国拳法の暗勁・化勁と共通と共通した身体の動きもある。力まず柔らかく力を使って、相手との力の接点をはずし、重心を崩したりする。また、腕と身体の三つの関節を、クランクのように働かせて、円運動を働かせながら、瞬間的に二方向の力を合成する。合気は、紛れもなく最高水準の筋力技法の一つであろう」

ここで竹内氏は〝円運動〟という用語を使っているが、この頃の六方会の稽古では、合気の手を分かりやすくするために、ボールを使った練習法を岡本先生は指導されていた。他にも、短棒や杖も用いた稽古法も行っている。本書では参考までにその一部を再現している(82~105頁)。

また、前出の『合気ニュース』では、「条件反射」という表現をされている。

「相手に接触する時にまず条件反射を起こさせる。円を使う、呼吸を乱さない。呼吸を一つに止めないで、自然にその円と同じ呼吸をする。これを別々にやっては技にならないんです。この三点が一致しなくてはならないんです。触った瞬間に一旦停止してから円を描くんじゃなくて、触る瞬間にすでに円を描いて、呼吸もスーっと投げる方向に息を吐くように行う」

さらに呼吸についても次のように述べている。

「相手が取りに来る時は息を吸って、触れた瞬間に一瞬息を止める。すると相手もこちらに同化して、一瞬に息を止めてしまう。その時には、もう息を吐きながら投げているので、引っかかることなく投げられる。息を止めてしまうと動きが止まってしまいます。大事なのは自分の呼吸で相手を飲み込んでしまうことですね」

また、同誌で技の運用について次のような発言をしている。

「力はあってもいいけれど、その力を強張った力にせず、柔軟にすることが大事です。逆に相手が掴む時に、コチコチになって掴んでくれる方が、技をかける時楽なんですけどね」

先にも述べたように相手がコチコチになっているということは、体が一つの塊になっていることである。だが、柔軟にして掴まれると、技をかけるためには、一瞬の条件反射で硬直させなければならない。

また、技はこちらから先に手を出さず、相手に先に仕掛けさせるのが原則であり、相手が仕掛けた瞬間、あるいは触った瞬間に反射を起こさせることが重要になる。

「その時には（自分の）肘を伸ばして掴まず、肘は自分の胴のところに付けておく。相手の攻撃を体に近いところで、技をかける。（この時）手を伸ばすとそれだけ円が大きくなって余分な力がいるわけです。物を持つにしても、腕を伸ばしたままで持ち上げるのと、肘を曲げて肩で持ち上げるのでは、肘を曲げたほうが楽なんです。ですからできるだけ体の近くで円を小さくやりなさい」

だが、こうした理論は頭で考えて行うことではない。実際、岡本先生ご自身も「まあ、自分では、あまり意識していなんですけれど、説明を求められると、このように説明しているわけです」と仰っていた。岡本先生にとって、こうした原理・理論を用いた技の説明は、弟子に分からせるための補助的で、観念的な表現であったのだろう。

●「条件反射」という語について

岡本先生が合気の説明をされる際の「条件反射」という語について、筆者なりの考えを述べておきたい。反射自体については、第二編第五章で詳しく解説するため、ここでは簡単なものとする。

前出の『合気ニュース』では、岡本先生は条件反射を次のように説明している。

「条件反射というのは、簡単に言いますとね、例えば赤ん坊が寝ていますよね、そこでポンと気になるような音をさせると、ぴくっと反応しますよね。大人でもびっくりすると、こうなる。あれなんですよ。それを瞬間的にこっちから仕掛けるわけですよ。こっちから先に手を出さない。相手に先に仕掛けさせる」

この反射は、先にも記したように「条件反射」でなく、「逃避反射」と表現した方が適切であると筆者は考えている。

「条件反射」というのは、生物が環境条件に適応して、後天的に獲得する反射である。反応と無関係な刺激であっても、反復して与えることにより、その刺激（条件刺激）だけで反応が起こるようになる。

「条件反射」については、ロシアの生物学者・パブロフが詳細に研究したことで有名で、犬に特定の音を聞かせることと、餌を与えることを関連付けて反復すると、その音を聞いただけで犬は涎《よだれ》を垂らすようになる。これがいわゆる「パブロフの犬」と呼ばれる実験である。

つまり、条件反射は、条件付けによって起こる後天的反応である。そのため、合気を「条件反射」としてしまうと、例えば指導者がパンと手を叩く（条件付け）と、弟子が反応して飛んでしまう（条件反射）ということだと誤解される恐れがあると考える。

一方、「逃避反射」とは、危険を避ける反射である。これには寝ている赤ん坊が音に反応してぴくっとするのも含まれる。筆者は、大東流合気柔術の技の運用原理における反射とは、先天的なものであり、生得的な行動に付加して現れる反射行動（無条件反射）であると考えている。

以前、筆者は岡本先生に「条件反射は適切でない。それではパブロフの犬になってしまいます。ただ反射とした方がよいのではないでしょうか」とお話ししたが、その後も「条件反射」という語を使われていた。おそらく一般の方への分かりやすさを優先されたのであろう。

岡本先生の説明・解説は、技の運用での体験的で感覚的な理解であり、いずれにしても反射が岡本先生の技の基本原理のすべてではないが、極めて重要な合気柔術の基本原理であると考える。

ボール（大）を用いた合気上げの練習

球状のものを手に持つことで、手を丸く使う意識が生まれる。

1〜4 ボールを回しながら持ち上げ、同時に右足を一歩前へ進め、続いて左足を揃える。

ボール（大）を用いた合気上げ、合気下げの練習

1～4 ボールを回しながら持ち上げ、同時に右足を一歩前へ。

5～7 ボールを回しながら下ろし、左足を一歩前へ進め、右足を揃える。

ボール（大）を用いた合気技法例1

1～3 ボールを縦に回しながら持ち上げ、合気上げをする。

4～7 ボールを横に回しながら、左に体をひねり、相手を投げる。

ボール（大）を用いた合気技法例2

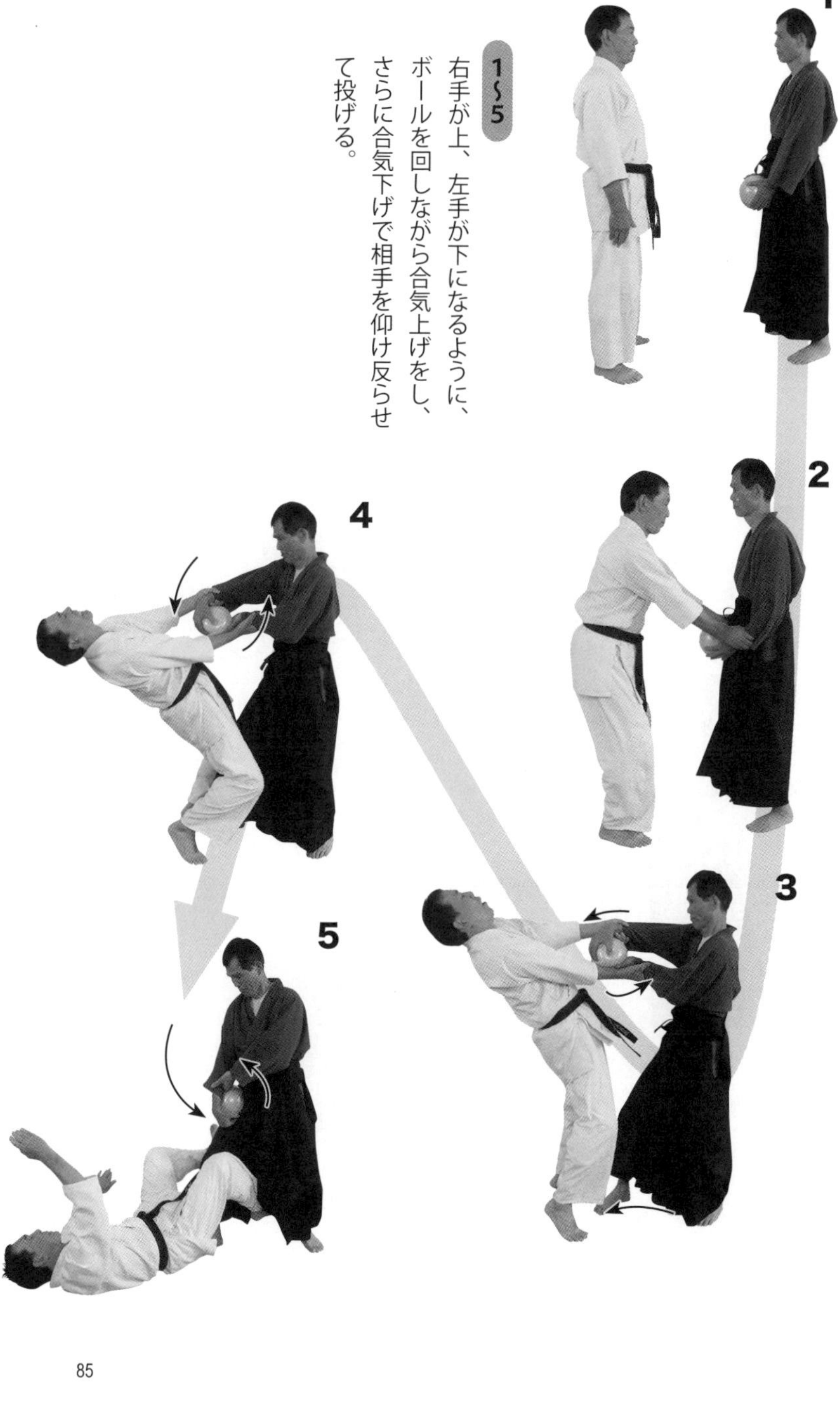

1〜5

右手が上、左手が下になるように、ボールを回しながら合気上げをし、さらに合気下げで相手を仰け反らせて投げる。

ボール（小）を用いた合気上げ、合気下げの練習1

1~5

右手でボールを持ち、手首を柔らかく使って、合気上げをする。
この時、右足を一歩前に出す。

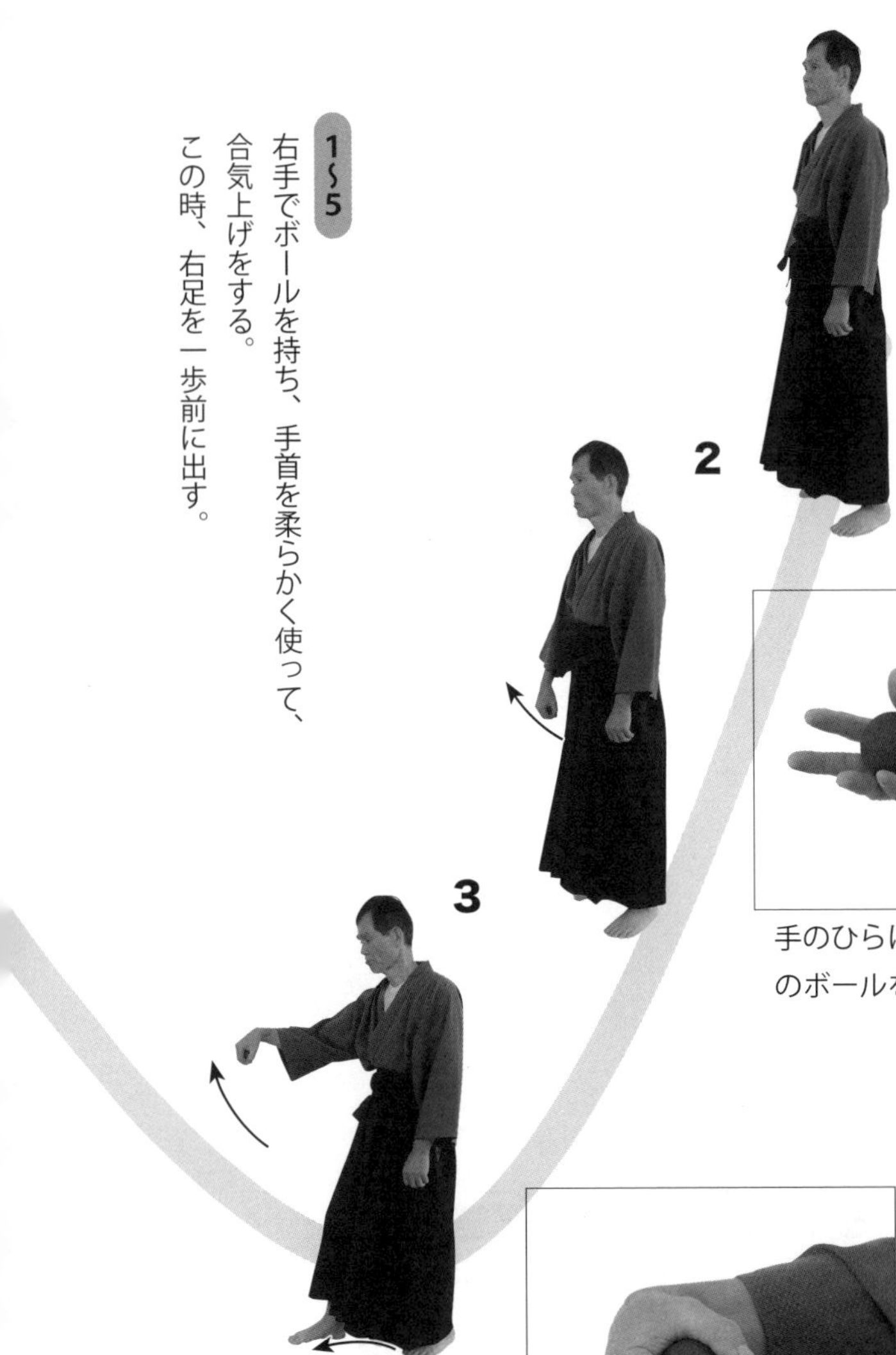

手のひらに収まるサイズのボールを使う。

手首を掌屈させる際の手の形。ボールを強く握らず、指先を窄めるようにする。

6〜8
続いて、手首を柔らかく使って、合気下げをする。
この時、左足を右足に揃える。

ボール（小）を用いた合気上げ、合気下げの練習2

1～5

ボールを持った右手を、手首を柔らかく使って上げて、合気上げをする。続いて、手首を柔らかく使って拳を下に向け、合気下げをする。

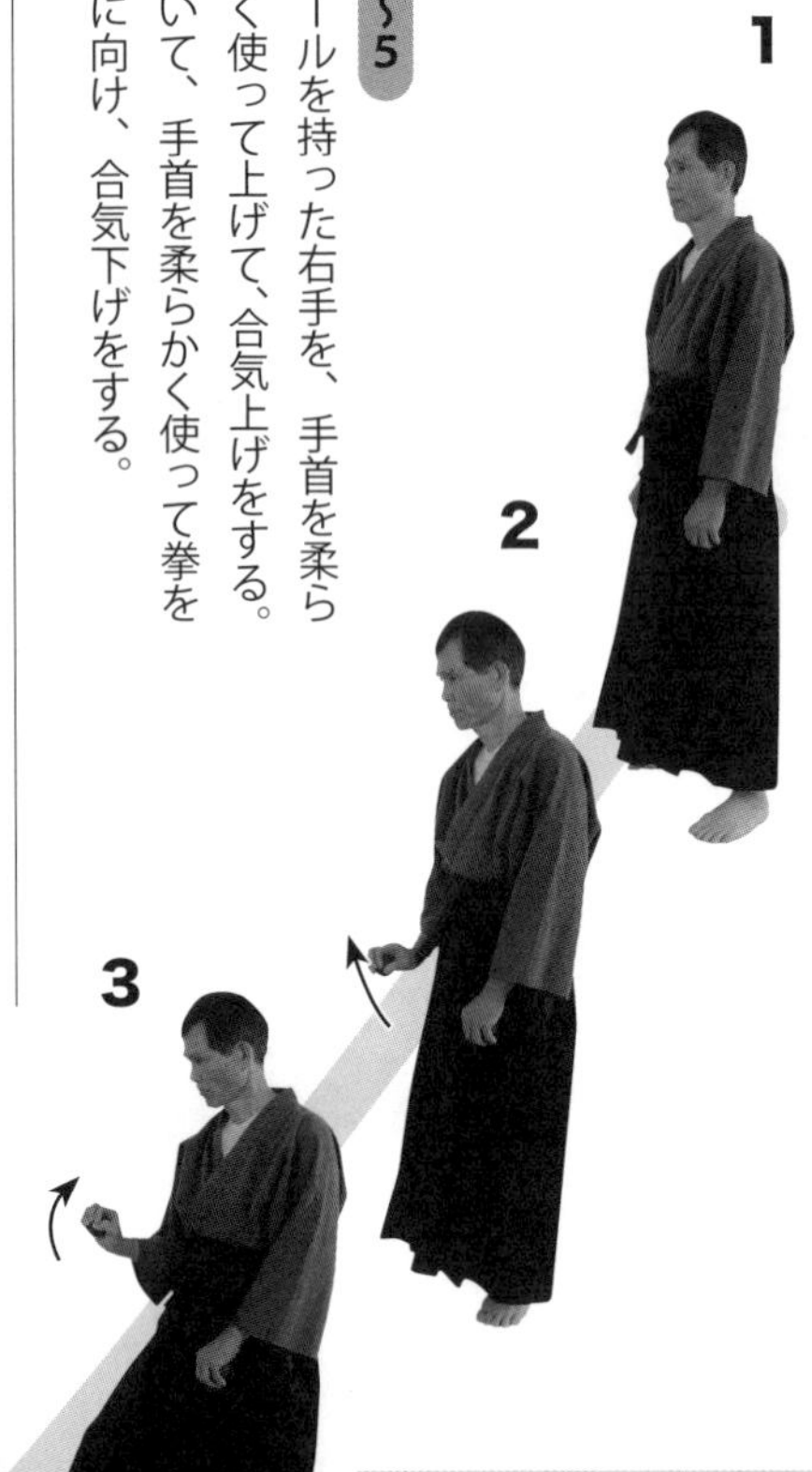

通常、手は体の近くにしたまま、技をかけるのだが、この例は当て身として使うことも想定して、腕を伸ばしている（4～5が受けのボディに当て身を入れる瞬間の姿勢。受けは吹飛ぶか腰砕けになる）。

技法例

1～4

受けが右手を取りにくるのに対し、取りはボールを持った右手の拳を掴ませるように上げていき、合気を入れる。

手首を柔らかく使うこと。

5〜7
手首を柔らかく使い、拳を下に向けるように合気下げをして、受けを立ったまま固める。

ボール（小）を用いた合気上げ、合気下げの練習3

1〜8 ボールを持った右手を、手首を柔らかく使って上げて、合気上げをする。続いて、左に転身しながら、手首を柔らかく使って拳を下に向け、合気下げをする。

技法例

1～4
受けが右手を取りに来るのに対し、取りはボールを持った右手の拳を掴ませるように上げていき、合気を入れる。手首を柔らかく使うこと。

5～7
左へ転身しながら、手首を柔らかく使い、拳を下に向けるように合気下げをして、受けを左に投げる。

ボール（小）を用いた合気上げ、合気下げの技法例4

技法例

1〜4

受けが左手で、右手を掴みに来るのに対し、ボールを持った右手を内に回しながら上げ、受けの腕をねじりながら上に崩す。

5~8
手首を柔らかく使い、手首を掌屈させたまま下に下ろし、受けを落とす。この時、右足を一歩前へ出し、膝を柔らかく曲げて、腰をわずかに落とす。

短棒を用いた合気の技法例1

1

1 右手で持った短棒の端を左手で掴ませる。

2

3

4

2~3 短棒の先を左に回しながら、相手の左腕をねじり、体幹にもねじれを入れていく。

4~6 右足を一歩踏み出しながら、右手を返して、相手の左手が背中側に回るように誘導する。そして、そのまま相手を仰け反らせたまま固める。

5

6

NG

相手の腕をただねじるだけでは、肩や手首の関節で吸収されて、体幹までにほとんど力を伝えることはできない。

1

2

3

短棒を用いた合気の技法例2

1
右手で持った短棒の端を
右手で掴ませる。

2~3
短棒の先を右に回しながら、相手の右腕を
ねじり、体幹にもねじれを入れていく。

4~8 手首を返し、相手の右手が背後に来るように回し、右足を一歩前に出す。そのまま相手を仰け反らせて固める。

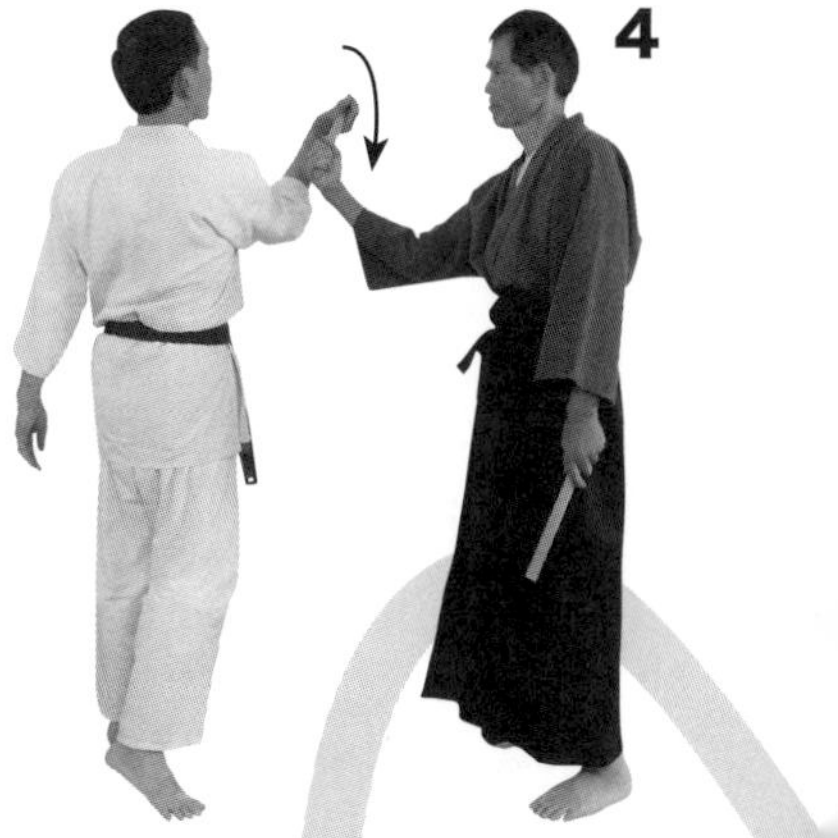

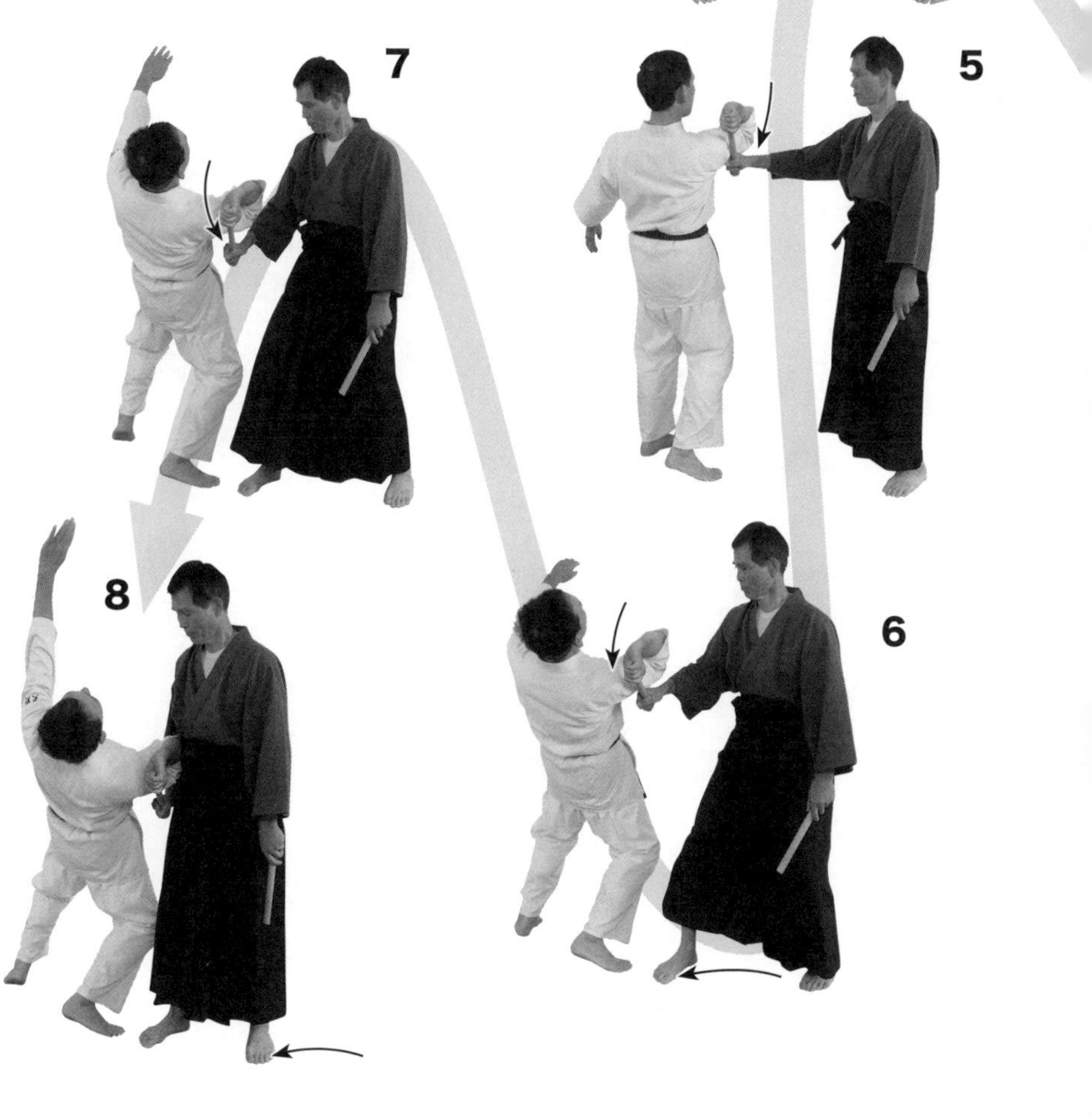

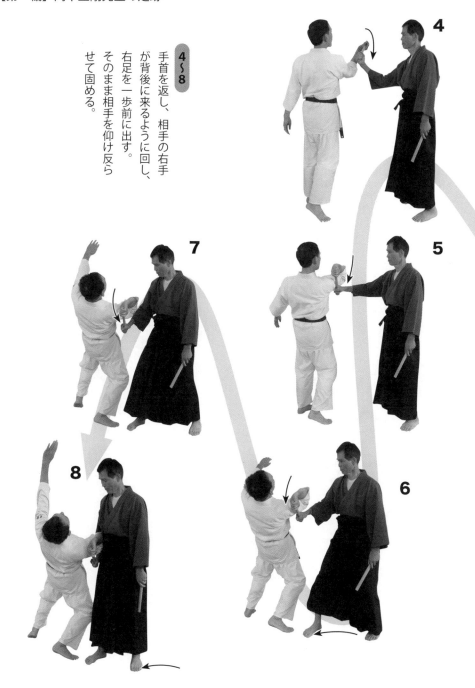

短棒を用いた合気の技法例3

1
両手で持った短棒の端を掴ませる。

2~4
左右の短棒を外側に回し、相手の両腕を内にねじっていく。

5～7
右足を一歩踏み出しながら、手首を返して、相手を仰向けに反らせて固める。

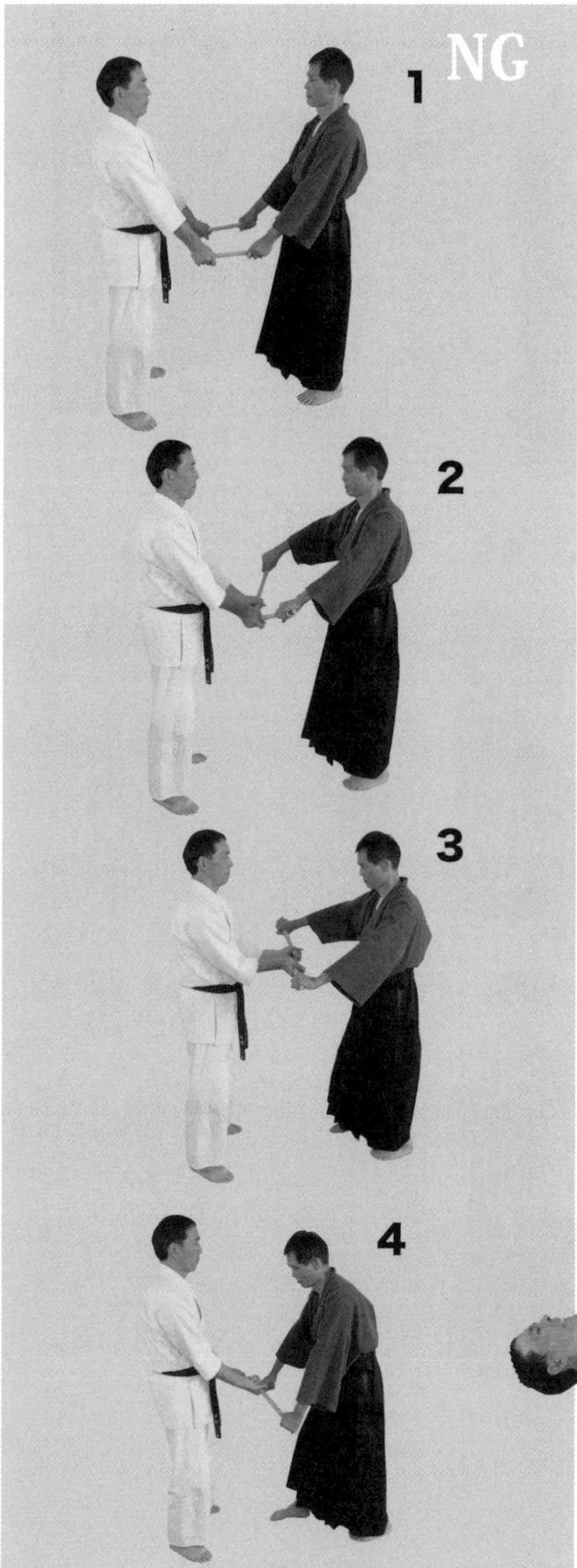

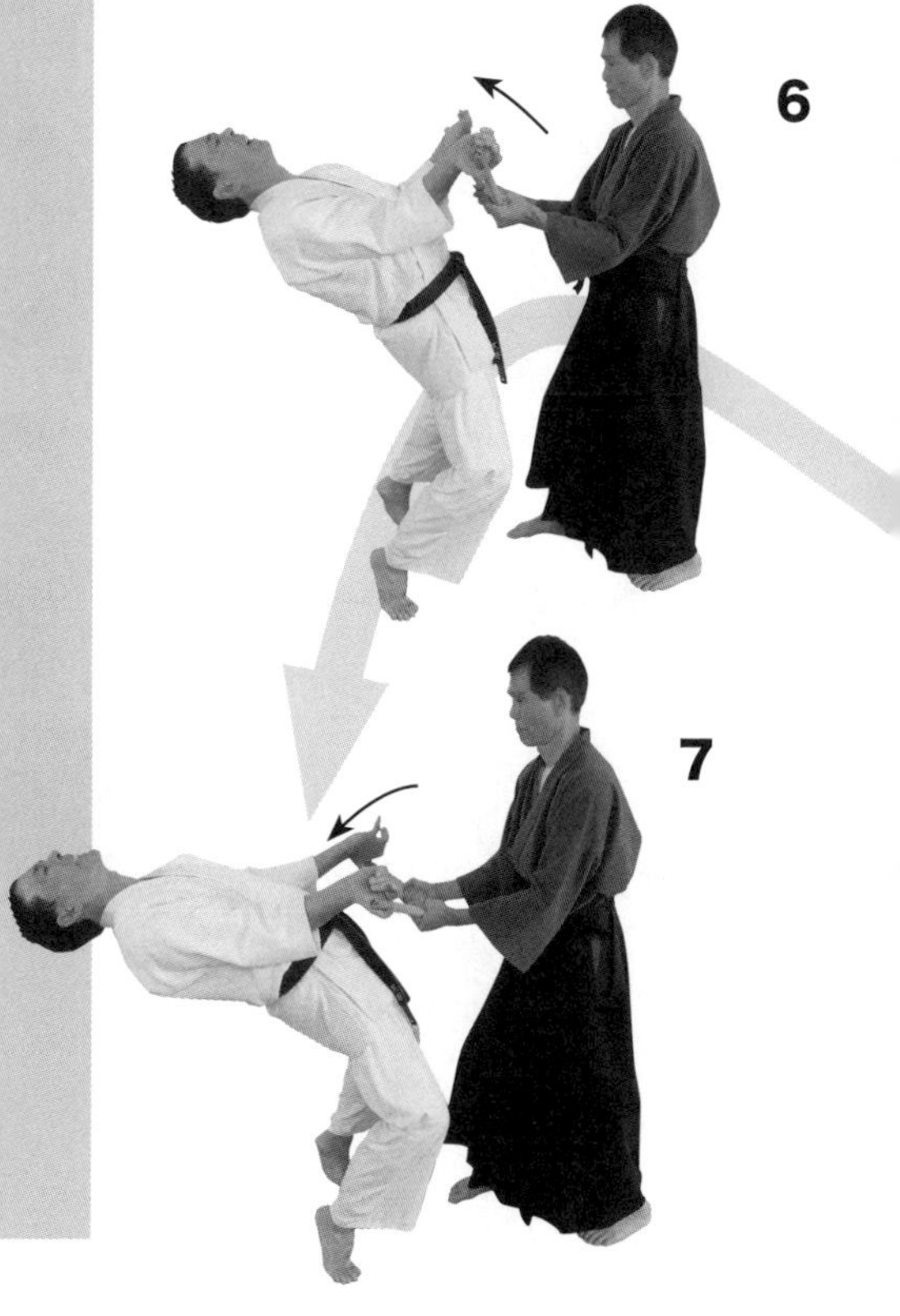

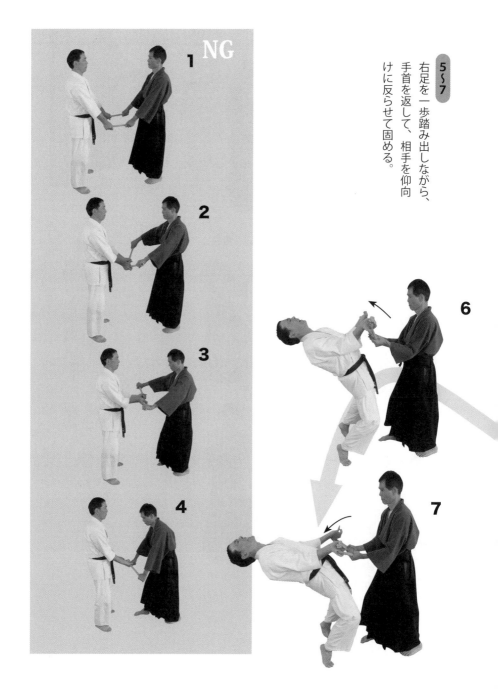

短棒を用いた合気の技法例4

1
右手で短棒の真ん中を持ち、
その両端を掴ませる（1'は別角度）。

2~3
右足を一歩出しながら、
膝を柔らかく使い、
一瞬、合気上げをする。

4~5
手首を掌屈させながら、
合気下げをして、
相手を崩して固める。

動作を小さくする

1'〜5'

要領が掴めてくると、小さな動作でも相手を崩せる。

NG

相手が持った棒に体重をかけるだけでは、耐えられてしまう。

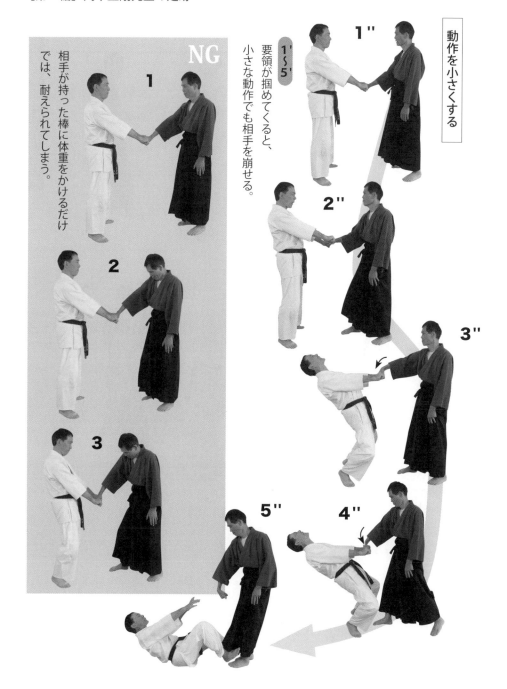

短棒を用いた合気の技法例5

1
左手で短棒の真ん中を持ち、その両端を掴ませる。

2~3
合気上げ、合気下げをして、相手を仰け反らせて崩す。

4〜8 相手の頭を大きく回して、右に転身しながら投げる。

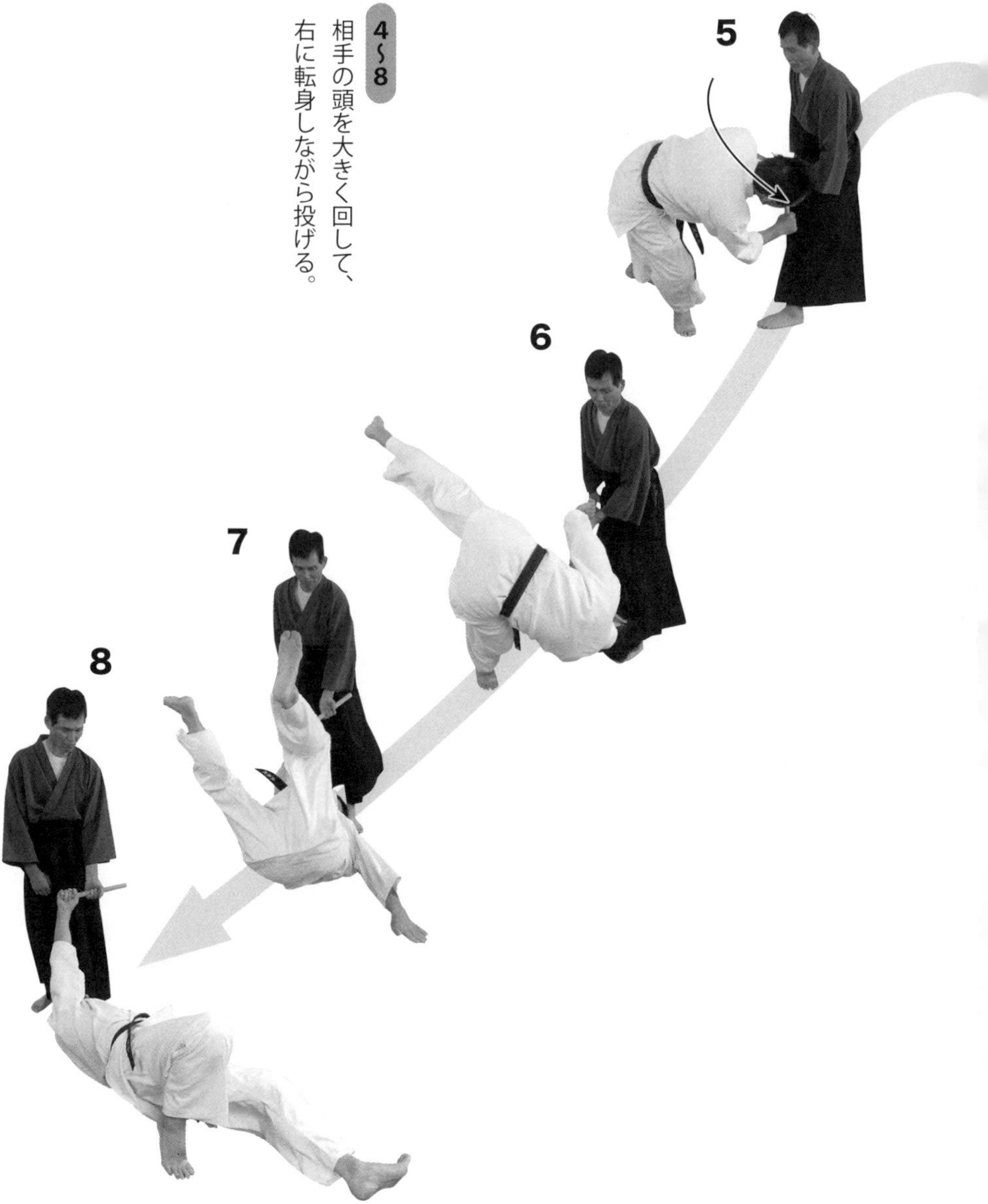

杖を用いた合気の技法例

1 杖を両手で持ってもらい、その中心に右手刀を乗せる。

2〜5 杖を通してわずかに力を加え、相手が反射（姿勢反射）を起こした瞬間に、合気上げ、合気下げをして、仰けに反らせて崩す。

6~8
右足を一歩前へ出して、相手の重心をさらに後ろへ移動させ、落とす。

第三章　大東流合気柔術の本質とは何か？

▼大東流の変化

●目録

武田惣角翁が弟子に伝えた技や、堀川先生が岡本先生に伝えた技がどんなものだったのか？　丹念に記録を収集すれば何か分かるかもしれない。私の知りたい〝何か〟とは、すなわち惣角翁が会得した「合気」である。

その手がかりとして、武田惣角翁が弟子に授与した目録がある。この目録は四巻あると、筆者は推察している。順に第一巻『大東流柔術秘伝目録』、第二巻『秘伝奥儀之事』、第三巻『大東流合気柔術秘奥儀之事』

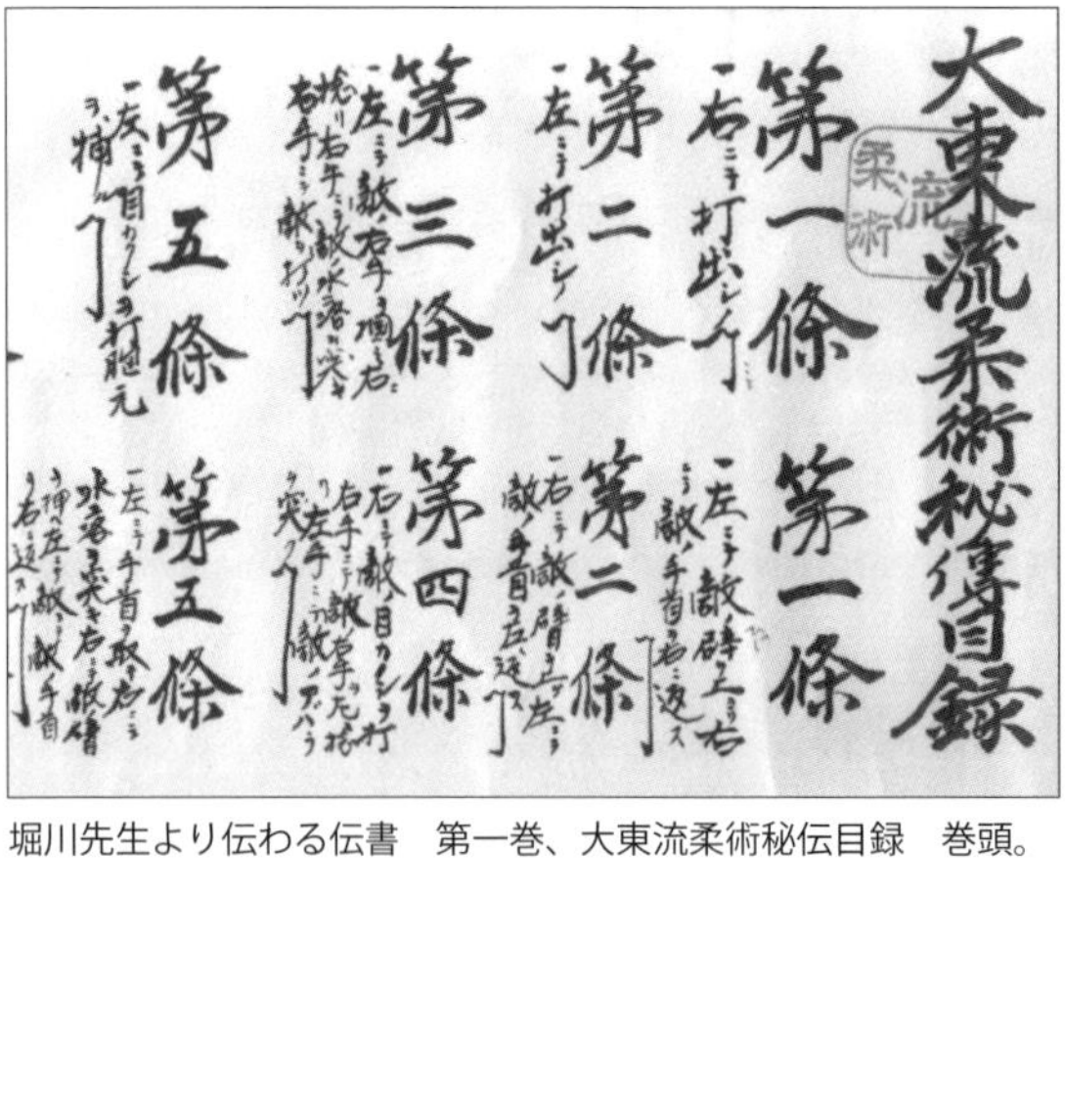

堀川先生より伝わる伝書　第一巻、大東流柔術秘伝目録　巻頭。

である。そして、第四巻は『免許皆伝』であるが、惣角翁の死去によって堀川先生に与えられなかったことは先にも述べた。このことから幸道会では第一巻から第三巻までを授与しており、六方会でも幸道会に倣っている。

第一巻、第二巻はすでに内容も公開されている。雑誌『秘伝』1994年（平成6年）5月号では、1899年（明治32年）11月に宮城県栗原郡尾松村大字稲屋敷の岩淵義エ門が惣角翁から授与された第一巻『大東流柔術秘伝目録』と第二巻『秘伝奥儀之事』が「大東流最古の伝書」として紹介されている（これらの伝書の発見者は島津兼治氏）。

著者が、岩淵義右エ門の二巻と、幸道会、六方会のそれぞれに伝わる二巻を比較してみたところ、両書の大きな違いは、岩淵義右エ門の第二巻『秘伝奥儀之事』の記載が第十七條であるのに対し、幸道会の『秘伝奥儀之事』には第十八條が加筆されていた。他にも補足の付け足しはあるが、ほぼ同じ文章である。

一般に公開されている伝書は他にも、東京理科大高橋華王《かおう》工学部教授が『大学正課体育武道シリーズ3　合気柔術入門』（監修　高橋華王、岡本正剛　著）に大東流合気柔術初伝目録として第一巻を掲載している。高橋教授が掲載した第一巻の出所は不明である。

筆者が、『合気柔術入門』の目録と、岡本先生から授与された目録を比較したところ、内容はほぼ同じであった。

伝書は、惣角翁の口述を弟子が筆記し、以降は、それを基に弟子に写させたと推察される。いつかこの目録（伝書）の技を再現し、惣角翁の技に迫ってみたいと考えている。

なお、惣角翁の大東流の研究にあたっては、現在に伝えられている大東流系の技は参考になるかもしれないが、その流系の技法のオリジナリティが不明の場合が多いことも確かである。大東流研究の研究の手法の一つとして、惣角翁が授与した伝書（巻物）が有力な手がかりになると推察される。

●名称における「合気」の出現

「大東流合気柔術」の名称にある「合気」は、大東流の根源を成すものである。この「合気」という語は、途中から名称に加えられている。

前出の雑誌『秘伝』の特集「大東流合気柔術の全貌」によると、「『大東流柔術』から『大東流合気柔術』の名称変更は、１９１６年（大正５年）から１９２２年（大正11年）のようである」としている。

この名称の変更は、惣角翁の修行の過程で起きた合気の自覚・獲得という、質的大変換を示していると筆者は考えている。

目録を読むと、第一巻、第二巻には合気の記述はなく、第三巻になって初めて合気の記述がある。しかし、第三巻の技の説明に使われた「合気」の語は五カ所程度である。

堀川先生が武田惣角翁より授かった第一巻から第三巻までの目録では、惣角翁は発行人の名義を「大東流柔術本部長」という肩書きで一貫している。第三巻を『大東流合気柔術秘奥儀之事』としていても、発行人には「大東流柔術本部長」と書かれているのである。

筆者は、柔術技と合気柔術の区別が技にあるのではなく、技を使う人の技量によって合気技になると考えている。言い換えれば、合気を習得した人が柔術技を使うことで、合気柔術技と成すことができるのではないだろうか。

堀川幸道先生が惣角翁から習い始めた頃は、惣角翁自身が大東流柔術から大東流合気柔術への変遷があった時期であると思われる。この時期に大東流柔術に合気の技が付加され、より高度に発展していったのではないだろうか。そうしたこともあり、当時は今ほど合気は強調されなかったと推測している。やがて大東流の根源としての合気が前面に押し出され、名称が変化したのではないかと思っている。

●大東流「2880余手」の意味

大東流の技は2880余手あると言われている。これをどう見て、どう考えるべきであろうか。堀川先生、岡本先生は自分の師匠からどのくらいの技を習ったのだろうか？　前出の『合気ニュース』で岡本先生は以下のように語られている。

「ある程度のレベルに達しますと、それはあの堀川幸道も生前認めていましたよ。大東流の技には二千数百手あると言われるけれど、何百も習っていないですよ。本当の肝心の合気というものだけを習っている。それも何十手位かなって言ってましたよ」

「私にもある程度できるようになった頃、（堀川先生から）〝いつになるか分からないけれど、あんたも一本立ちすれば、あんたなりの技が生まれてくるよ。私から習った以外の技がどんどん出てくるはずだ〟と言われました」

また、堀川先生は、１９５１年（昭和26年）の北海道『湧政弘報』に、「合気護身術大東流」という記事を寄せている。

そこには、次のような記述がある。

「ことに合気之術というのは、手、足、肩、胸など、五体すべてに術があり、相手の力を利用していくこと、相手の力を抜いて逆をとっていくこと、機に応じ態が現れ、千変万化、千態万様、自由自在に相手を屈服させる術で、相手の出方によって応変即妙の処置に出る」

実際、岡本先生も多彩な技を繰り出された。しかし、弟子に伝えた技の数はどうであったかと言えば、筆者自身、幸道会東京支部時代も含め、六方会創設期から岡本先生の技を受け、教えを受けてきたが、習った技は何十手であり、何百手もない。

やはり武術の修練は数多くの技や型を習うのではなく、技の術理のエッセンス（極意）の習得が究極の目的なのだろう。大東流合気柔術の合気のエッセンス（極意）さえ習得できれば、技は自由自在に操れ、その数は無限になる、ということだ。岡本先生も堀川先生から習う際に、技を覚えるのではなく、技のエッセンス（極意）を求めていたはずである。

筆者が、岡本先生の技を長年受けてきた中で印象に残っているのは、岡本先生の技にはある一定のパターンやリズムはあるが、相手とのせめぎ合いと状況によって、技が天地、左右、前後の六方に千変万化し、繰り出されたことだ。しかも、その流れに緩急があり、スムーズで、掛け手、受け手の力の衝突がないように精錬されていた。

日本の神々の数を「八百万（やおよろず）」と言うことがあるが、「八百万」とは、その数字だけ神がいるということではなく、数え切れないほどたくさんという意味である。これと同じで、大東流でいう技二千数百手とは、技の実数ではなく、数え切れないほどの技の多様性があると理解した方がよいだろう。武術の習得とは、マニュアルに載せられた型の習得ではない。武術は、その場の状況において対応できなければ命取りになるものだ。

一方、組織運営においてはマニュアルが必要になる。そして、大きな組織になればなるほど、技のマニュアルがないと成り立たなくなる。ところが、マニュアルを作ることでしばしば技を構成する要素は単純化され、プロセスとして固定化してしまいがちであることを考えると、武術の本質の伝承と、組織化とは、本質的に相容れないものなのかもしれない。

▼合気上げは大東流合気柔術固有の技法か？

●相撲のおっつけと突っ張り

合気上げは、大東流合気柔術の重要な技法であるが、大東流固有の技法ではない。合気上げと共通する技法は相撲にもある。〝おっつけ〟と〝突っ張り〟がそれだ。おっつけは小指から入って肘を絞り上げる技で、相手の差し手を封じる。

突っ張りは手のひらを相手の胸に当ててただ押すのではない。手を当てた瞬間に上方向に擦り上げて崩すのである。つまり当て、擦り上げを繰り返しながら前に進むことにより、相手は上体が起きてしまうのである。

また、突っ張りは、立ち止まった状態でスタートしたのでは、大きな相手を動かすのは難しい。

合気上げによって相手を崩す理論については、第二編から詳しく述べるが、原理において理論的な理解があれば、他の武道に含まれる類似の技法にも気づくことができるだろう。

おっつけ

1〜4
四つに組んだ状態から、相手の右肘から上腕を、左手で擦り上げる。
相手の肘は極まり、肩が浮いて、体勢を崩す。

突っ張り

1〜4
手のひらが相手の胸に当たった瞬間に上に擦り上げながら前に出る。
相手は仰け反りながら体勢を崩す。

●刀法と「合気上げ」「合気下げ」

筆者は大東流の原点は刀法の技法にあると推察している。武田惣角翁が小野派一刀流の達人だったことから、大東流は小野派一刀流の影響を強く受けているという説を述べ、小野派一刀流から大東流を研究する人もいる。

これについては、筆者は「刀法の技法から影響を受けた」としたい。合気之技とは武士が明治になって刀を捨て、武田惣角翁の修行の過程で大東流柔術が発展する中で生み出され、そのことによって大東流合気柔術として完成をみたと考える。

そこでここでは、大東流合気柔術の動作、とくに合気上げと合気下げと、刀法の三つの動作を比較し、その技法の由来を考えてみたい。

例示する三つの動作とは、「中段の構えから上段の構えへの移行動作」「擦り上げ」「切っ先の切り上げ、切り下げによる連続攻撃」である。

なお、紹介する木刀を用いた動作は、ボールや短棒、杖を用いた方法と同様に、よい稽古になるものであるため、実践してみてほしい。

中段構えから上段構えへの移行動作

技法例

木刀を持った状態をイメージしての合気上げは、素手で合気上げを行うよりスムーズにできることがある。

1〜4 相手が両手を掴んでくるのに対して、剣術で中段構えから上段構えに移行する動きをイメージして合気上げをする。

擦り上げ

技法例

1~3 受けが正面手刀打ちを仕掛けてくる。

4～6
右手刀で相手の前腕を擦り上げるように受け、手首を掴む。この擦り上げ動作によって、相手を上方に崩す。

4

5

6

7～10
左手を相手の上腕に添え、右手の動作と合わせて相手の腕を振り下ろして投げる。

7

8

9

10

相手の手刀正面打ちを擦り上げながら掴む動作に注目して欲しい。手首の返しはあるが、動きは合気上げと同じ技法である。

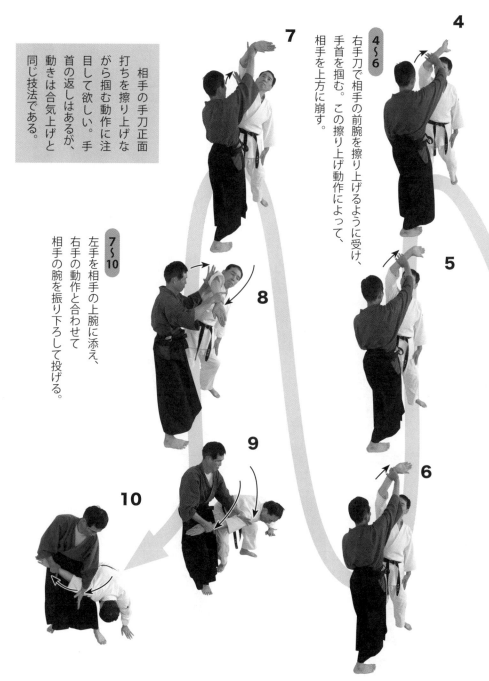

切っ先の切り上げ、切り下げによる連続攻撃

中段構えから刃先を胸から喉へと切り上げ、さらに喉から胸、腹を切り下げていく。合気上げと合気下げを連続させる動きである。

技法例

1~5
受けが両手を掴んでくるのに対して、合気上げをする。
手に持った剣の切っ先で、相手の胸から喉を切り上げるようにイメージする。

次ページへ

6~9

指先から下げるように、合気下げをする。

手に持った剣で、相手の喉から胸、腹と連続的に切り下げていくイメージを持つ。

【第二編】私の大東流合気柔術研究

▼研究手法について

●流派の優劣を語らない

大東流の名称を「大東流柔術」から「大東流合気柔術」に変更している武田惣角翁は、大東流中興の祖と呼ばれているが、今日伝わっている大東流合気柔術は惣角翁が作りあげた武術であると筆者は考えている。つまり、「大東流柔術」と「大東流合気柔術」の違いとは、単に言葉のみの表現ではなく、突き詰めれば惣角翁が到達した「合気」の境地によるものであろうと思われる。

惣角翁は特定の組織を持たず、請われて各地に出掛けての個人教授や、講習会形式で大東流を教授していた。翁自身にとっては、恐らく人生の終焉を迎えるまで大東流の修行、修練の過程だったのだろう。

このことによって、惣角翁から教えを受けた側としては、いつの時代にどのような技を教わったかによって技法に違いがあり、さらに弟子の武術歴や思想によっても捉え方が変わったと思われる。ここに大東流を巡る様々な混乱が生まれたのではないだろうか。

そうした理由から、筆者は大東流における流派の優劣や正統性、オリジナリティを語ることはしない。筆者が目指すのは、武田惣角翁が到達した合気とは何か？　の追求である。大東流合気柔術を学ぶ者にとって「合気之術《あいきのじゅつ》」の習得こそが目指すべきものであり、その実現には合気の解明が不可欠であると考える。

●合気とは「神業」か？

合気の技は、おかしな見られ方をされたことがあった。

北海道北見の幸道会で堀川幸道先生の演武を見た他流の人たちが、「〝堀川先生の弟子はよく馴らされている〟と言っていた」と、岡本先生が仰っていたことを覚えている。

また、１９８８年（昭和63年）に東京で開催された日中友好十周年記念国際シンポジウム「気と人間科学」で岡本先生が演武をされたところ、解説者が「弟子が勝手に跳んでいるのではありません！」とわざわざ解説をしたこともあった。

こうした見られ方こそが、大東流合気柔術の技の特質を表しているのかもしれない。大東流合気柔術は、「神業」や「神秘」と表現されることがあるが、それは実態がよく分からない、理解できないから、このような表現にならざるを得ないのだ。

分からないのは、技を受けた者も同じだ。手首を極められて痛い思いをすれば、その痛みが手掛かりになる。しかし、同じ技でも、手首の痛みを全く感じない手法もある。その術理の違いに合気の技法があるのではないだろうか。

自分より体力的に勝っている相手にどのように対するか、そこに大東流合気柔術の合気の技法の冥利がある。それは、端から見ている者にも、直に技を受けた者にも、理解できない術理があるからこそ、為せる技なのだ。

また、合気をどのように表現すれば的確なのか、合気を身に付けた者にとっても、口では説明することが難しく、文章にするにも筆舌に尽くしがたいものだったのではないだろうか。

例えば、目録第三巻『大東流合気柔術秘奥儀之事』には、「合気」というワードが登場するが、「合気にて上げ……」「合気にて敵を上げ……」「合気にて敵の右手を上げ……」「握られたる手は合気にて下より……」と書かれているのみで、合気についての具体的説明は無い。口伝を受けたり、見て盗むなどにより、エッセンスを受け継ぐものであると考えた方がよいだろう。

●合気を構成する要素

物作りでも、趣味で作った作品なのか、市場的に価値がある作品なのかは違うものである。それは作り手の技量の違いであり、作品に価値を付加するか否か、見る側の反応にも違いが出てくる。

武術でも仕掛ける人の技量により、技を受けた時の反応が大きく違う。初心者の技は、力任せに技をかけられたと感じるのものである。

岡本先生に技をかけられると、「あれ、どうして投げられたのか」と分からず、あたかも自らの意思で勝手に動いてしまったように思うことすらある。まさに「合気にて」である。

堀川先生は「柔らかいが威力のある技の使い手」として知られていたようだ。技が柔らかいとか硬いとかはあくまで技の運用の違いである。柔らかいが威力のある技は、合気の技法の根源としては同じものであると思われる。

さて、著者は大東流合気柔術を岡本先生から三十数年に渡り指導を受けることができた。その中で、「なぜだろう?」という思いが常にあった。何度投げられても、身動きできないように固められても、長い間その術理は理解できなかった。しかし、理解できないながらも、常に合気の秘密とは何かを考えてきた。その思いが、今日の筆者の大東流合気柔術の研究に繋がっている。

筆者は、大東流合気柔術の研究を行うにあたり、個々の要素を分析し、解析にあたってはその要素を再構成するようにしている。合気を構成する要素は画一的なものではなく、様々な要素が複雑に絡み合って技を構成していると考えている。ここで言う合気を構成する要素の代表例としては、力学的、運動学的、生理学的、人体の構造的（解剖学的）要素がある。これらの要素の組み合わせや作用は、技の過程で違うのである。

名人の合気の技は、相手の状況、場面において、あたかも無意識に行われているようで、まさに匠の技と言える。筆者は、合気のメカニズムを科学的に解明していく過程で、その術理が極めて合理的であることに気づかされてきた。

大東流合気柔術の術理は、決して辿り着けない「神業」や「神秘」ではなく、丁寧に、根気よく分析すれば、ある程度は理解できるものであり、正しい理解のもとでの修練によっては、ある程度の習得は可能であると信じている。

▼大東流合気柔術の科学的解明のために

●「科学的」とは

筆者の大学での専攻は栄養について研究する学問・栄養学であった。栄養素の代謝・所要量・過不足による病態、栄養素を構築する食品の組成、疾患時の調理法や食事などについて、生理学・生化学・病理学・衛生学の立場から研究を行ってきた。その後、長年、主に医療系の検査、ドーピング検査を手がける検査会社に務め、その臨床検査部門、特に臨床化学の分野で検査と臨床評価の仕事をしてきた。

浪越徳治郎先生と筆者（日本指圧専門学校時代）。

かつて、筆者が勤めた会社が、健康産業に業務を広げたことがあり、手技療法の治療院を開いたことがあった。その機会に、筆者は配置換えを希望した。

また、臨床検査の会社に在籍しながら、浪越徳治郎先生が存命中に、日本指圧専門学校で学ぶ機会に恵まれた。指圧専門学校を選んだのは、手技療法に興味があったことと、東洋医学や東洋哲学の概念を勉強したいとの思いがあったためである。大東流合気柔術の「合気」や「気」という概念について、東洋医学、東洋哲学の視点から学べるという期待もあった。

日本指圧専門学校では、東洋医学と西洋医学の基礎を学ぶことができた。東洋医学では、気や経絡、経穴の概念などを学び、西洋医学では、解剖学や生理学、運動学、リハビリテーション医学などを学んだ。

筆者は、すでに大学で基礎的な解剖学や生理学を学んでいたが、専門学校で改めて学びなおす貴重な機会となった。専門学校で学んだリハビリテーション医学や運動学は、大東流の技を理解・推考する上で大いに役立っている。

専門学校の講師の一人に、筑波大学理療科のS先生がいた。S先生は東洋医学やリハビリテーション医学、運動学の分野に造詣が深い方であった。

筆者はS先生に、大東流合気柔術を「科学的」に研究したいと相談したことがある。それに対し、S先生は、科学や科学研究の前提について話してくれた。

S先生は、「科学的に研究することとは、世界に通用する（証明された）定理、法則、理論を用いて論理的に推考することである」と説いた。

「科学的」であることが大切なのは、現代社会で他者とのコミュニケーションにおいて共通の基盤（科学的定理・法則・科学的用語）がなくては、意思や思考の伝達、議論が難しいからである。

大東流合気柔術の技を表現する時には、しばしば「神業」という言葉が用いられ、合気の説明に「気」の概念が用いられることがある。しかし、それは現代社会において適切とは言い難い。なぜならば、「気」の概念には不確定要素が多く、知らない者との間での相互理解が困難な要素が多いからである。

私の仕事であった臨床検査だけでなく、現代社会においては科学的方法、科学的思考が不可欠である。筆者は、武術研究においても「科学的」な論証が必要であると考える。科学的定理・法則での証明・推考でなくては、学問・研究として成立しないのである。

筆者の大東流合気柔術の研究における科学的方法とは、解剖学、生理学、運動学、力学等の定理・法則を用いての解釈、推考である。

●崩しとしての合気を説明するための要素

目録第三巻『大東流合気柔術秘奥儀之事』には、「合気にて上げ……」、「合気にて敵を上げ……」、「合気にて敵の右手を上げ……」、「握られたる手は合気にて下より……」という記述がしばしば登場する。

合気を、実際の技の運用から端的に表現すると、「崩し」であると筆者は考える。

惣角翁が堀川先生に伝えた大東流は、単なる柔術でなく合気柔術である。その妙技は、力や体力で「投げ、抑える」のではなく、鋭く、美しい動きでありながら、無理のない力の使い方によって「投げ、抑える」という巧みな技である。

「崩し」とは、相手が技にかかりやすい状態を作ることであり、すなわち相手の安定した姿勢を不安定にすることである。

大東流合気柔術における崩しの要素はいくつかある。それは、

重心と力の運用、関節の制御、そして呼吸と反射である。

重心とは、人体の安定性に関わる力学的要素である。この要素には、受けの重心の移動も重要である。

小さな力で大きな効果を生み出す力の運用は、力のモーメントや慣性モーメントであり、これも力学的要素である。

関節部の構造と運動を理解し、制御するのは、解剖学的要素である。この関節部を利用した技が関節技であり、関節部の固定が固め技（抑え技）である。

関節部の運動の制限とは、すなわち相手の運動の制限である。これも崩しの重要な要素である。関節部の制限に限定すれば力任せでも可能であるが、それは初歩の手である。

武術で重要視されるものの一つである呼吸は、生理学的要素である。そして、相手が自ら無意識のうちに崩れるのが合気の特徴の一つであるが、これは反射（特に逃避反射と姿勢反射）に関わると筆者は推測している。反射も生理学的要素である。

つまり、力学的要素、解剖学的要素、生理学的要素が、合気を説明するために重要な要素であると考える。ここからは、それらの要素から大東流合気柔術について考察していきたい。

第一章　大東流合気柔術の力学的考察1
姿勢の安定性・不安定性

▼合気上げ、合気下げによる重心の変化

合気とは何か？　私の大東流研究の究極的命題である。

筆者は、長年大東流を修行して、合気と、合気上げ及び合気下げは、規範が違うと考えている。合気とは、大東流合気柔術の抽象的概念であり、一方の合気上げ及び合気下げは、技法としての合気のベーシックなものと考えている。

つまり、「合気上げ」「合気下げ」は投げ技ではなく、投げに繋げる崩しの技法である。崩しとは技に掛かりやすい状態を作ることを指し、相手を安定した姿勢から不安定な姿勢にすることである。そのため、「合気上げ」「合気下げ」は技の過程において連動している場合が多い。

『大東流合気柔術秘奥儀之事』に、「合気にて敵を上げ」、「合気にて敵の右手を上げ」とあるが、これらは崩しである。また、同書に「合気にて敵を掴み返し」とあるが、この描写にも実は、合

気上げ、合気下げが隠されているのである。

そこでこの章では、まず受けの姿勢、重心の変化に注目して、合気上げ及び合気下げの本質について考察していきたい。

合気上げには、主に次の三つの因子が関わる。

①体の上方向の重心の移動
②支持基底面積の減少（支持基底面とは、体を支える面を指す）
③重心の前方向の移動

合気下げには、主に四つの因子が関わる。

①重心の前方向の移動
②支持基底面積の減少
③重心線の位置の著しい偏り
④脊柱の前弯の強調

次にこれらの因子に影響する、安定と不安定に関わる基本的な事項を整理したい。

（1）姿勢の変化と重心に位置の変化

姿勢の安定性は種々の因子によって変化する。

一般に立位姿勢では、重心は第三腰椎の数センチ前にあり、重心位置が重心線上にあれば、立位姿勢では安定が保たれることになる。だが、様々な理由で不安定要素が増え、線上から外れたり、位置が高くなると倒れやすくなる。

例えば、四肢の挙上や姿勢の変化によって簡単に重心の位置は変わる。両手を下げた時の重心の高さを100センチとした場合、片手を上げると4センチ、片膝を上げると8センチ、足を伸ばして高く上げると10センチ程度と、それぞれ重心の位置が上がる。重心の位置は高くなればなるほど不安定になる。そのため立位より座位の方が重心の位置が低くなるので安定はよい。

立位姿勢から腰を90度屈曲すると、重心は下方移動するが、重心位置が重心線より前方に移動するため不安定になる。

なお、跳躍によって足が地面を離れた時、つまり体が空中にある時は、いくら姿勢を変えても重心の位置は変わらない。しかし腕や足の位置が変わると重さのバランスが変わるため、頭が上昇する高さが変わる。

図：立位姿勢における重心線の身体各部の配置

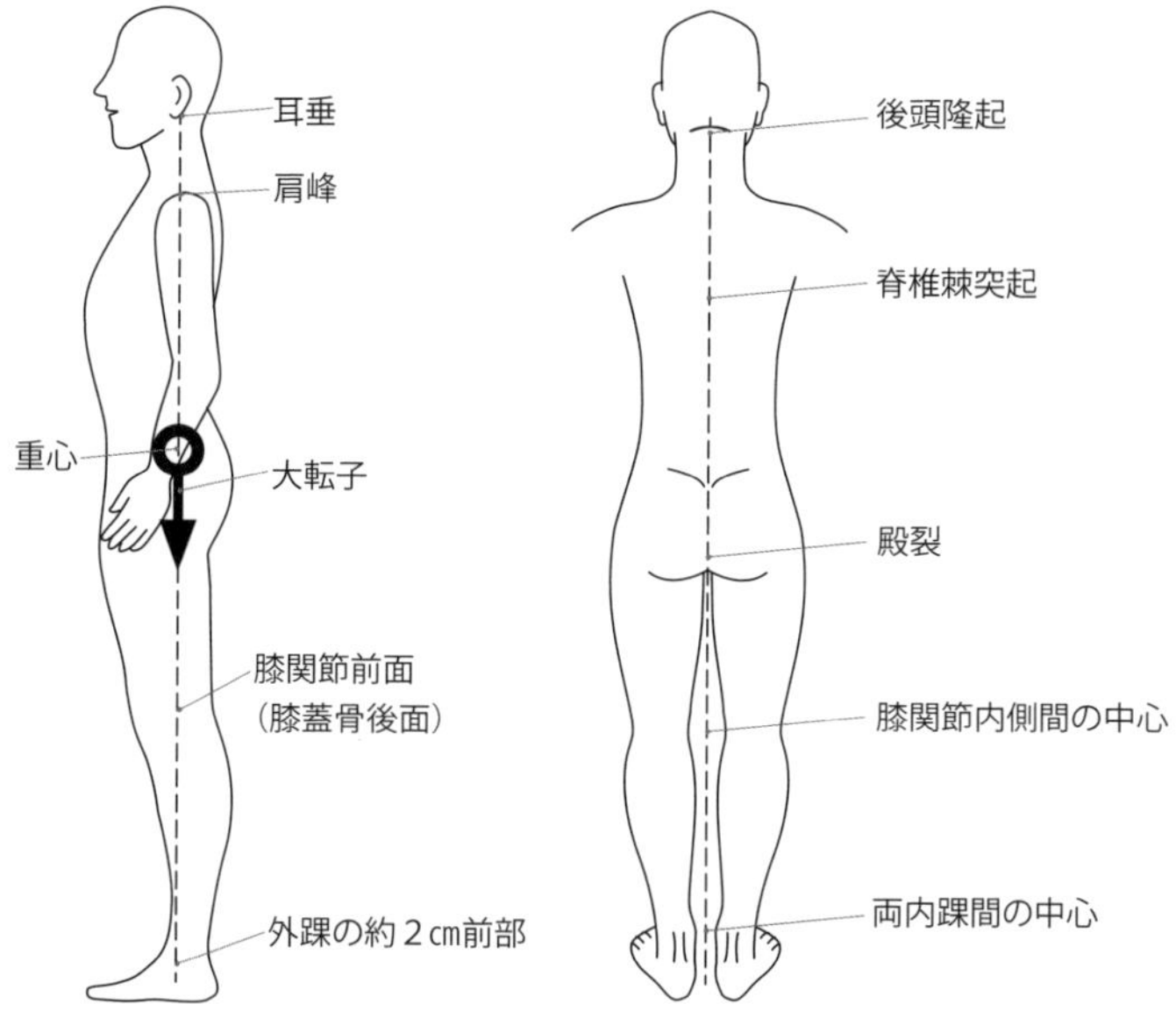

前後方向のバランス　　側方のバランス

図：立位姿勢から腰を 90 度屈曲した時の重心位置の移動

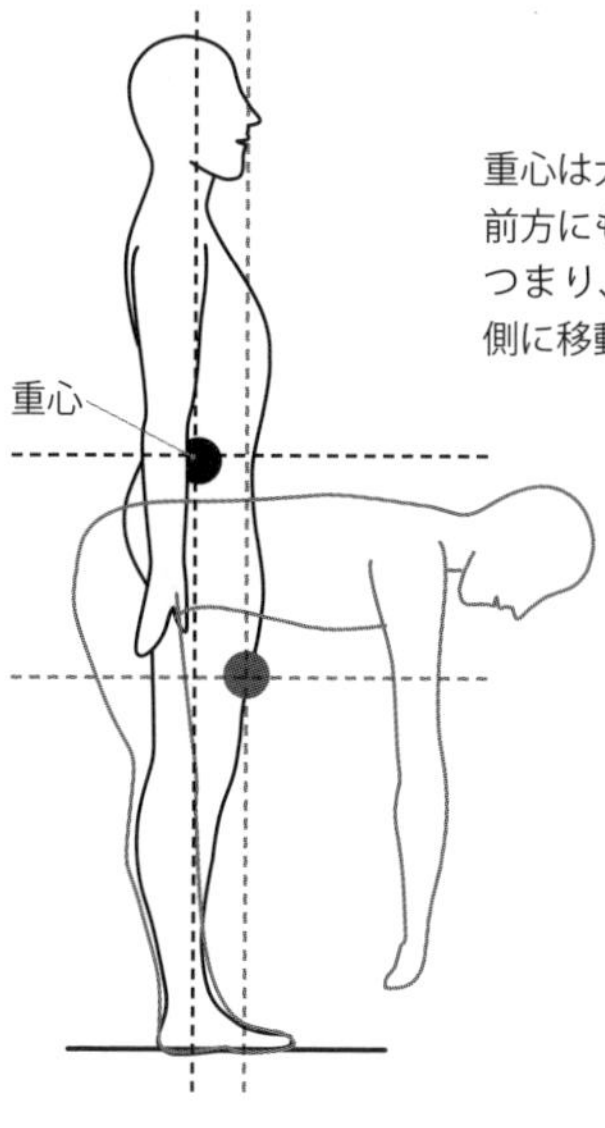

重心は大きく下方移動し、
前方にも移動する。
つまり、重心線はつま先
側に移動することになる。

（2）支持基底面の広さ

支持基底面とは、二足で起立した時、両足底面とその間の部分を合計した面を指し、その広さを支持基底面積という。支持基底面積は広いほど安定性はよく、当然片足より両足の方が支持基底面積が大きくなるため安定性がよい。

また、両足を閉じた状態より開いた状態の方が支持基底面が広くなる。だが、体捌き、技を仕掛ける時の腰の回転を考慮して、両足の開き具合を決める必要があるため、ただ安定性を求めて支持基底面積を広げればよいというわけではない。

なお、松葉杖の四点支持や四つん這いでは、支持基底面積が大きくなり安定性が増す。

（3）支持基底面と重心線の関係

重心線の位置が、支持基底面の中心に近いほど安定する。

両足での立位姿勢から左足を上げた片脚立ちになると、支持基底面積の減少が起きると同時に重心線の位置が右側に偏るため不安定になる。

（4）質量

質量が大きいほど安定がよい。体重が安定に関与するのは重力以外の外力の作用及びその強さが原因である。

図：左足を上げた時の重心の移動

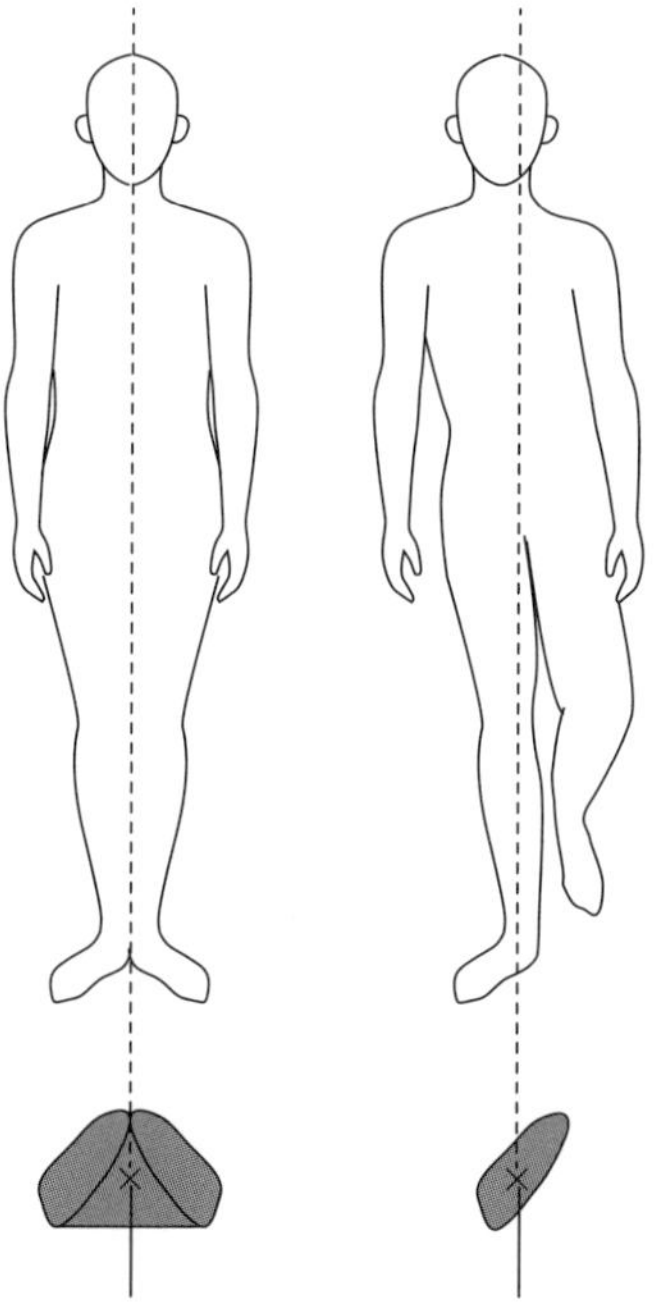

両足で立っている状態では、
重心は両足で作る支持基底面の
中心近くにある。

片足を上げた状態では、
残った支持足（図では右足）の
裏のみが支持基底面になり、
重心はその中心近くに移動する。

図：支持基底面積の変化

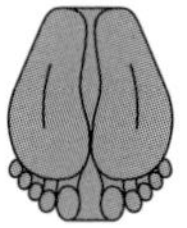

両足を閉じた場合の支持基底面積。

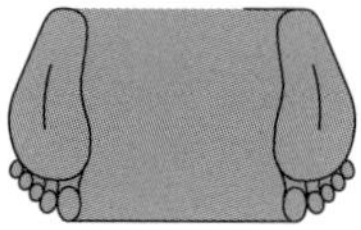

両足を肩幅に広げた場合の支持基底面積。両足を閉じた場合よりも面積が広くなり、その分安定性が高まる。

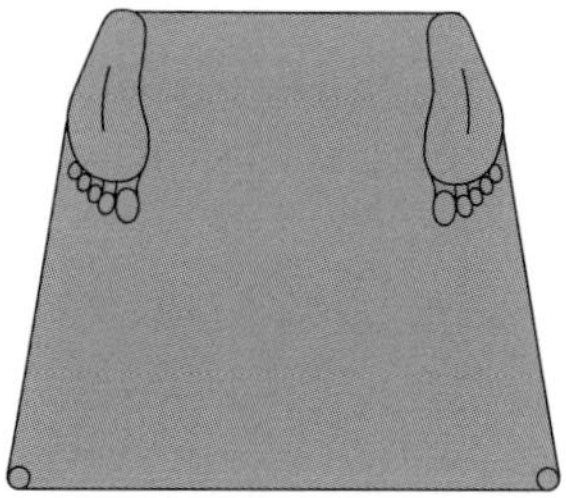

松葉杖などを両手に持ち、その先端を前方の地面に付けた状態の四点支持の支持基底面積。

（5）摩擦

床との接触面における摩擦抵抗が大きいほど安定がよい。通常の地面の方が氷の上より安定がよいのは言うまでもない。

（6）分節構造

人体は頭、体幹、上肢、下肢など、複雑な分節構造をとる。分節構造は、単一構造物より各分節の重心線も一致しないため安定性は低い。

分節構造を持つ人体の重心は、身体各部の重心がどのような位置関係にあるかによって決まる。四肢の挙上や体を屈するなど、姿勢の変化によって重心の位置が変化するのは、人体が分節構造のためである。

分節構造が安定するためには、上位分節の重心線が下位分節との接触面内にあること、全体の重心線が最下位分節（立位姿勢では足底）の支持基底面内にあることが必要である。

人間は二足歩行することで手が自由となり、大いなる進化を遂げたが、二足で立つことはかなり不安定で、しかも腰椎や膝に過大な負担を強いている。つまり、人間は微妙なバランスを取りながら立っていて、意外に転びやすいのである。武術でいえば、その姿勢制御の法則の弱点をつけば、簡単に転がるということである。

参考までに、人体の分節構造についての資料を左ページに掲載しておく。

図：身体各部の重心位置と各部の相対重量

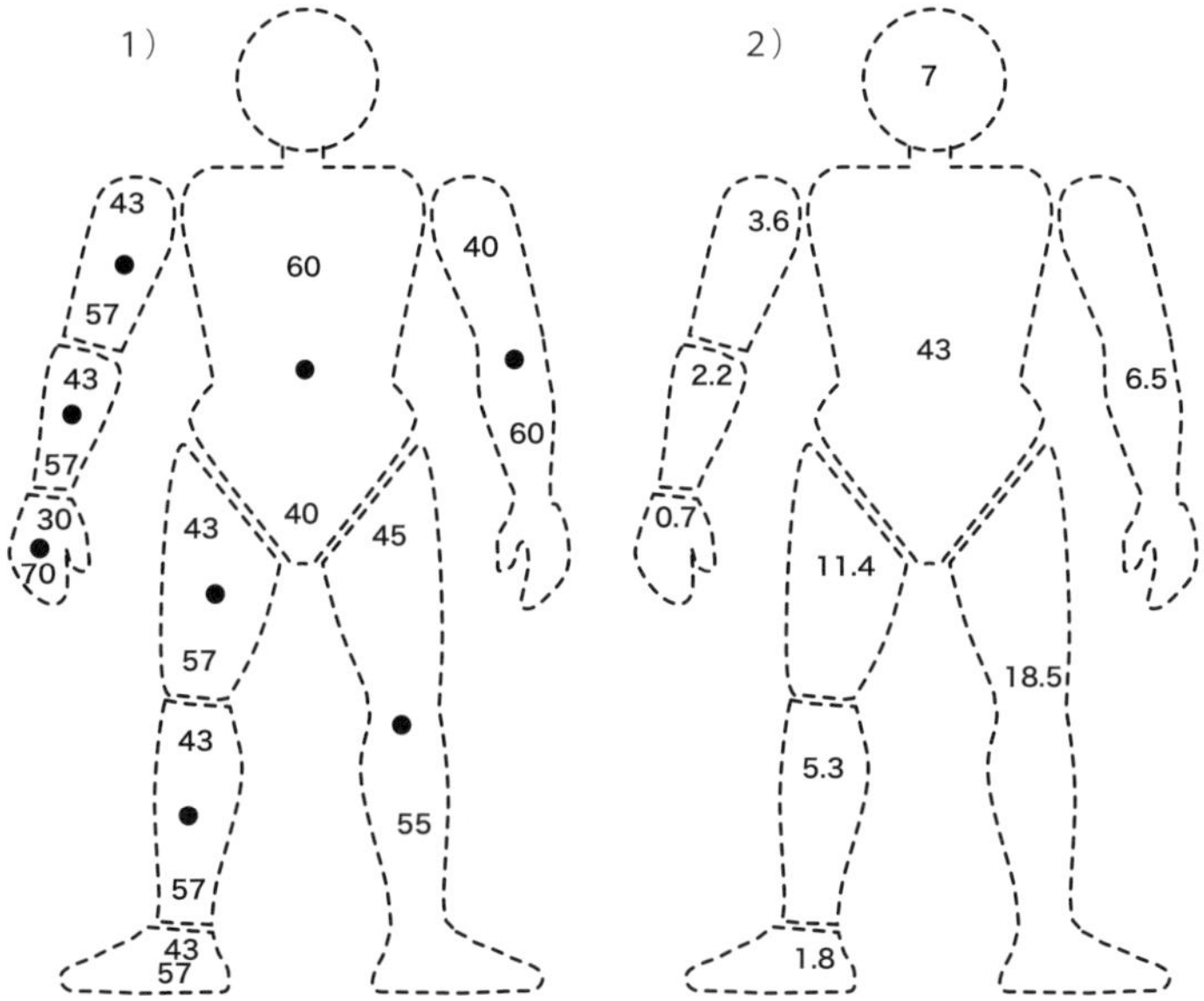

図１：身体各部の重心位置
身体各部の重心が両端分節から何%の位置にあるかを示している。
上腕 40 は肩から 40%、60 は手から 60%の位置に重心があることを示している。

図２：各部の相対重量
各分節の相対重量を示したものである。頭７%、体幹 43%、両上肢 13%、合わせて体重の 63%を占めている。

（7）心理的要因

柵のない高い場所から下を覗いた場合、怖くなって手を床に着いたり、何かに掴まりたくなる。こうした心理的要素も合気上げ、合気下げに含まれる。

（8）反射との関係

人体は、常に安定して立っていられるように、様々な姿勢反射がある。また、様々な危険に対して、とっさに体を守ろうとする逃避反射が備わっている。

大東流合気柔術では、逃避反射、姿勢反射によって体を不安定な姿勢にして崩し、投げる、あるいは固めてしまう。詳細は「反射」の章（第二編第五章〔220頁〕）を参照してほしい。

▼合気上げの解析

合気上げは、掴まれた手首を少し下げながら、指先で孤を描きながら手を上げる一見単純な動作である。これを先に挙げた立位姿勢の安定要素（1）〜（8）の項目を踏まえ、解析したい。

（1）重心の位置の変化

合気上げでまず第一に注目されるのは、相手の重心の位置の上方向への変化である。また、上方向の変化よりは少ないが、前方向への変化もある。

先にも記したように重心位置が高いほど人体は不安定になり、倒れやすくなる。合気上げがかかった状態では、例えば手首を僅かに回転させるだけで、相手を投げられるのである。

（2）支持基底面積の減少と重心線の関係

合気上げによってつま先立ちになるということは、支持基底面積の減少とともない、不安定な状態を作り出しているということである。この支持基底面積の減少は、合気上げにおける重要な要素である。

（3）分節構造の重心線・重心位置の変化

腰から上の体幹、頭、上肢は体重の63パーセントを占める。この体の分節構造による重心線・位置重心の変化がさらに安定性に影響を及ぼす。

（4）反射

合気上げには、逃避反射や姿勢反射などの反射が用いられていると考えられる。以前、他流で行われていた合気上げで、指先を喉に突き刺すように行われていたものを見たが、これは喉や頸を攻めるという動きにより、相手の頸反射（脊髄反射）を呼び起こす効果があり、崩しという目的に適う。

ただし、喉に突き刺すようにするだけでは、重心の上方向への上昇が小さく、合気上げに続く投げや落としへの連動性が弱いように思われる。

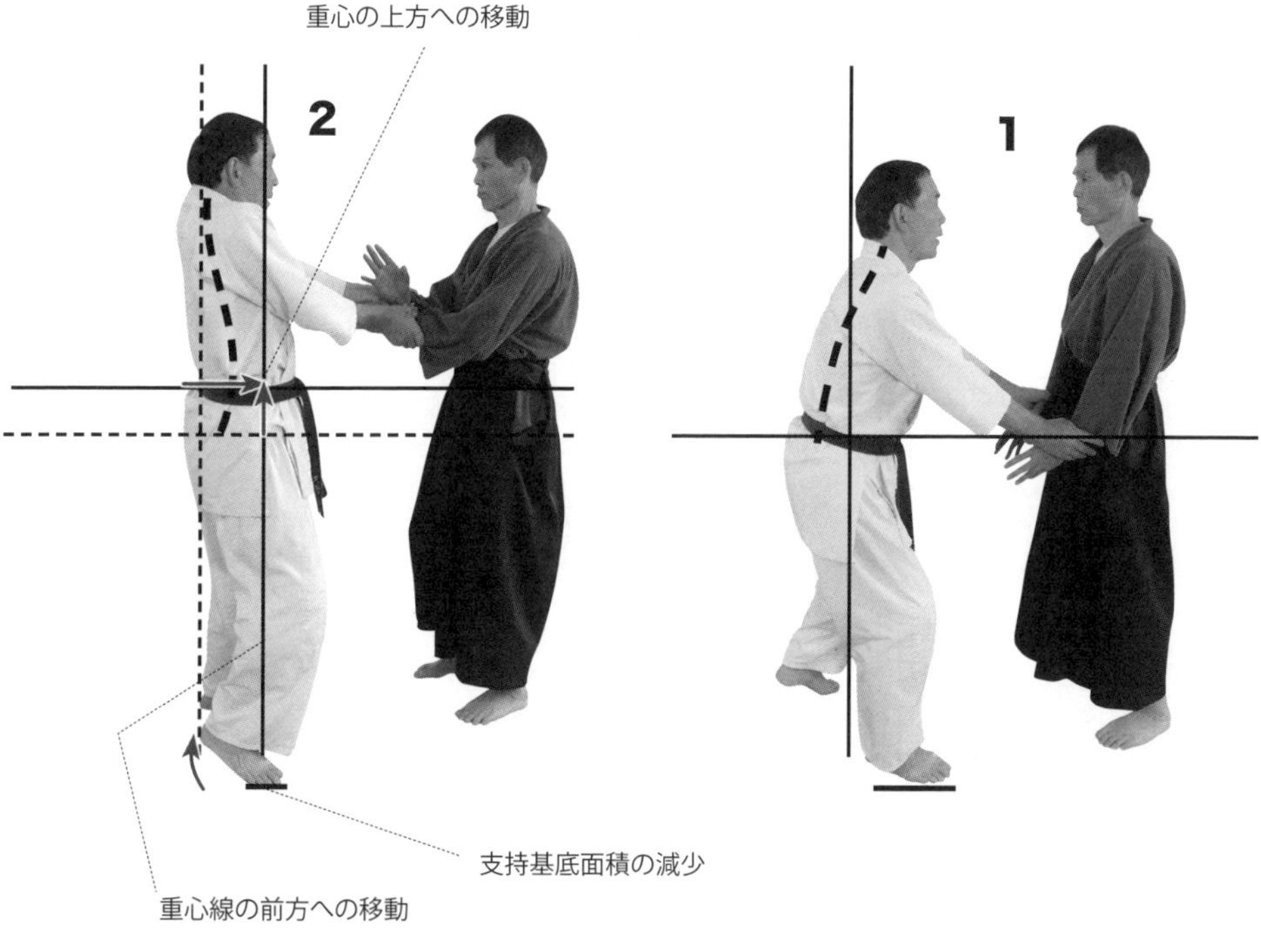
重心の上方への移動
2
1
支持基底面積の減少
重心線の前方への移動

▼合気下げの解析

続いて、合気下げにおける受けの重心の位置の変化について解析する。合気下げは、合気上げから、指先で孤を描きながら下に戻す動作によって、次のような作用を相手に及ぼす。

(1) 重心の位置の変化

合気下げにより、重心はスタート時点の位置より低い位置に移動する。一般的に重心は低い方が安定性が高いが、合気下げの場合、技の過程で脊椎の弯曲が強調され、重心線が後方に移動することにより不安定さを増すことができる。

(2) 支持基底面の減少と重心線の関係

つま先立ちになることで支持基底面積が減少し、不安定さが増す。

(3) 脊椎の彎曲が強調

脊椎、特に腰椎が最大限に弯曲させられ、全く身動きできない状態となる。この状態で軽く弾みをつけて押したり、手首を回転すれば相手を簡単に投げることができる。

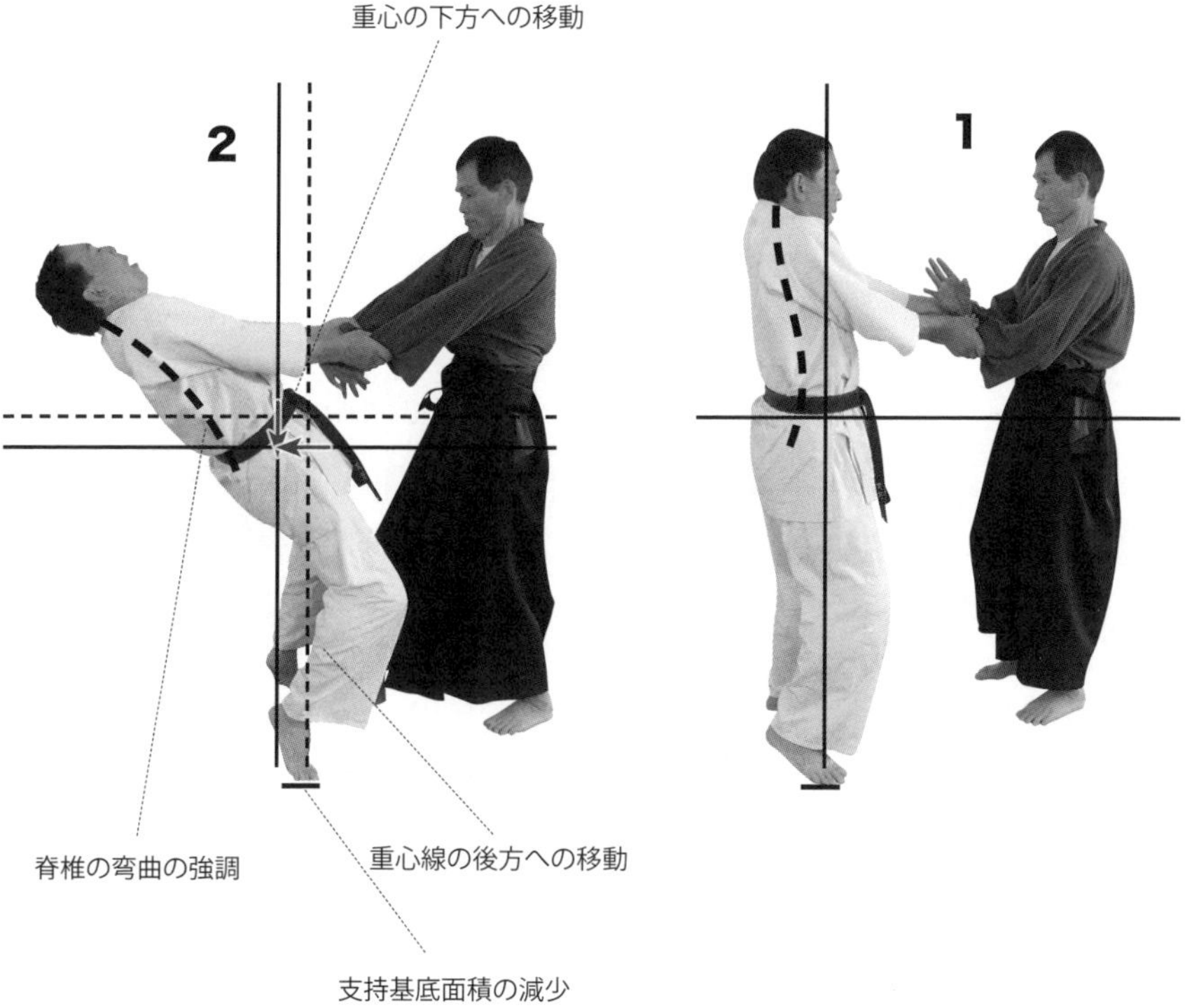
重心の下方への移動
2
1
脊椎の彎曲の強調
重心線の後方への移動
支持基底面積の減少

両手合わせ投げ

1〜5

受けが両手を掴んでくるのに対して、合気上げをする。
つま先立ちになることで、重心が上に移動し、重心線が前に移動する。

6～9

右手刀が上、左手刀が下になるように、正中線上で合わせて、合気下げを行いながら、転身して投げる。

脊椎の弯曲が強調され、重心線が後ろへ移動することで、重心は下がっても不安定さが増し、軽い力でも投げることができる。

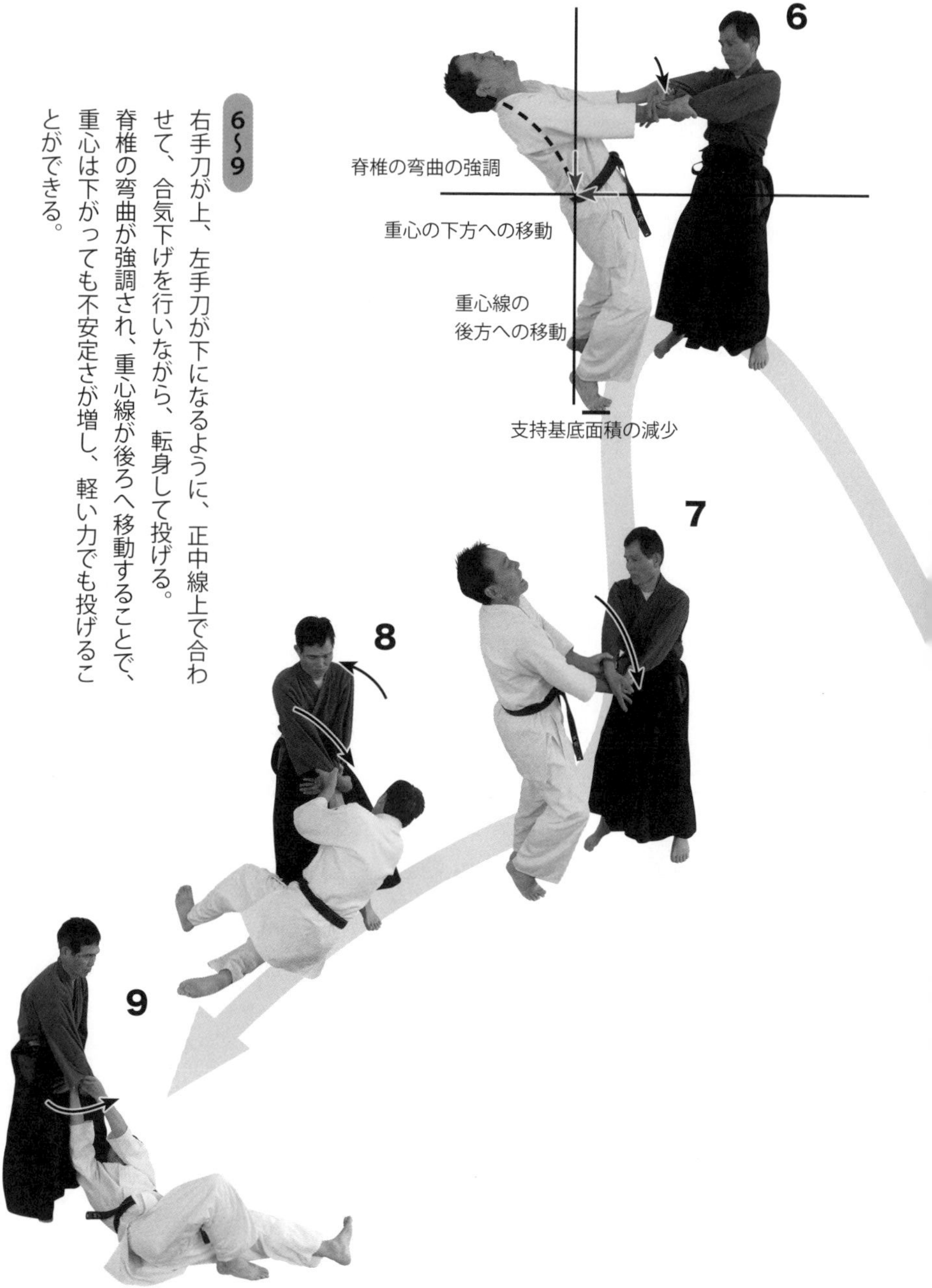

手甲合気上げ（両手）

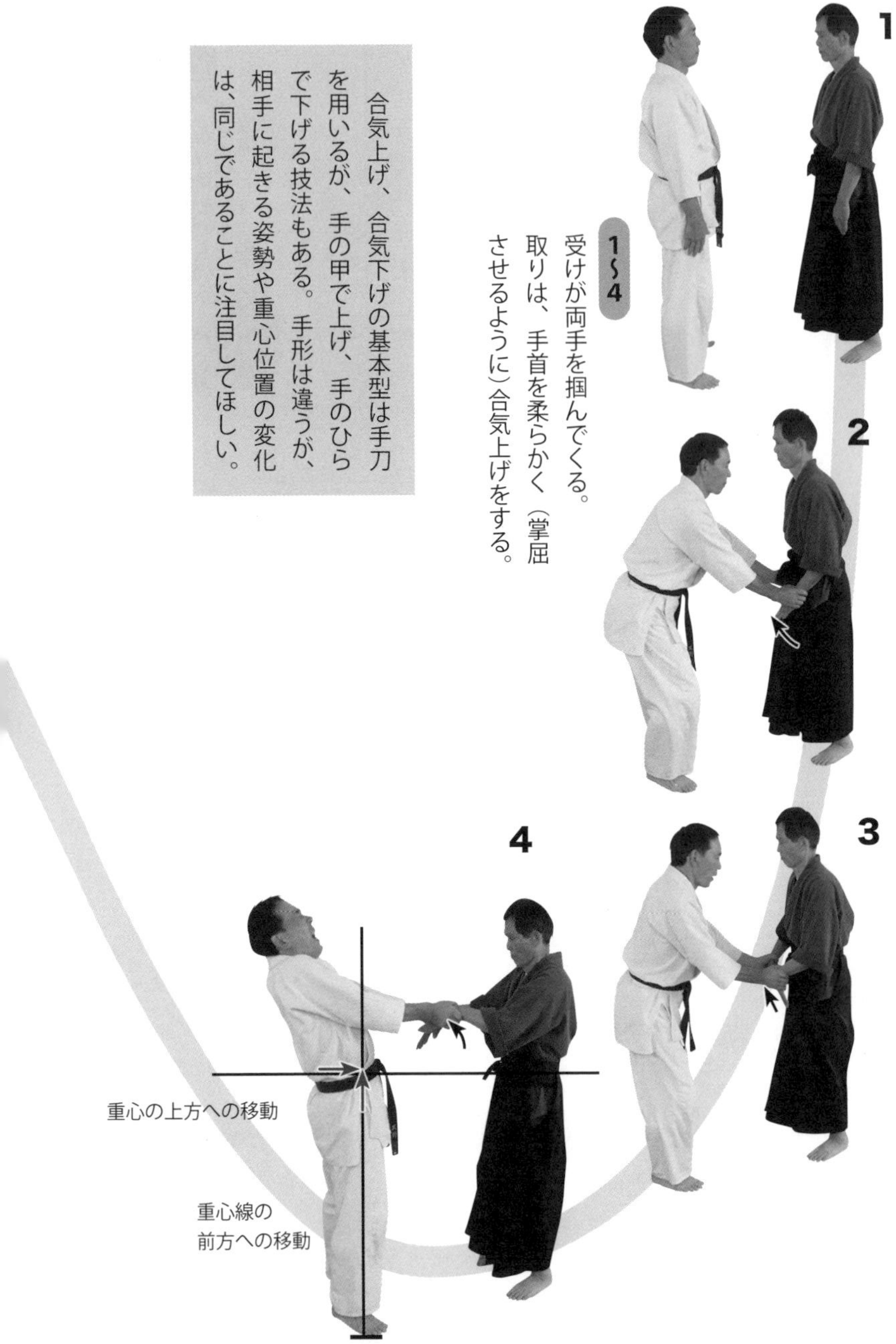

1～4
受けが両手を掴んでくる。
取りは、手首を柔らかく（掌屈させるように）合気上げをする。

合気上げ、合気下げの基本型は手刀を用いるが、手の甲で上げ、手のひらで下げる技法もある。手形は違うが、相手に起きる姿勢や重心位置の変化は、同じであることに注目してほしい。

5〜9
続いて、手首を柔らかく（背屈させるように）合気下げをしながら、左に捌いて投げる。

合気前方投げ

1 座した状態で、背後から両手を掴まれる。

手形は手刀ではないが、これも合気上げ、合気下げである。
座した状態で、後方から相手に両手を掴まれた状態から、すくい上げるように合気上げし、猫手で合気下げして前方に投げる。

2~5 相手の手首をすくい上げるように合気上げをする。この際に、自分の腕を内にねじることで、手首を掴んでいる受けの腕も内にねじられていく。

6
受けの腕が強くねじれた状態で、自分の重心をわずかに後方へ移動させながら合気上げをすることで、受けの肩が上がり、重心が上に移動して体勢が崩れる。

7〜10
体を左にねじりながら、合気下げをして、相手を前方に投げる。

座技　合気上げ

1
座した状態で、左右から両手を掴まれる。

座した状態で左右から手首を掴まれる二人取りであるが、これもまた合気上げと合気下げによって行われている。受けの姿勢の変化が、先に説明した合気上げの解析で見た特徴と同じであることに注目してほしい。

2~6
両腕を内にねじりながら、内から上に上げ、合気上げをする。
二人の受けの腕もねじれ、腕の構造上、力が体幹に通りやすくなることで、受けの重心は上に移動する。

7〜10 受けの腕を上下に重ね、合気下げをして、前方に投げる。

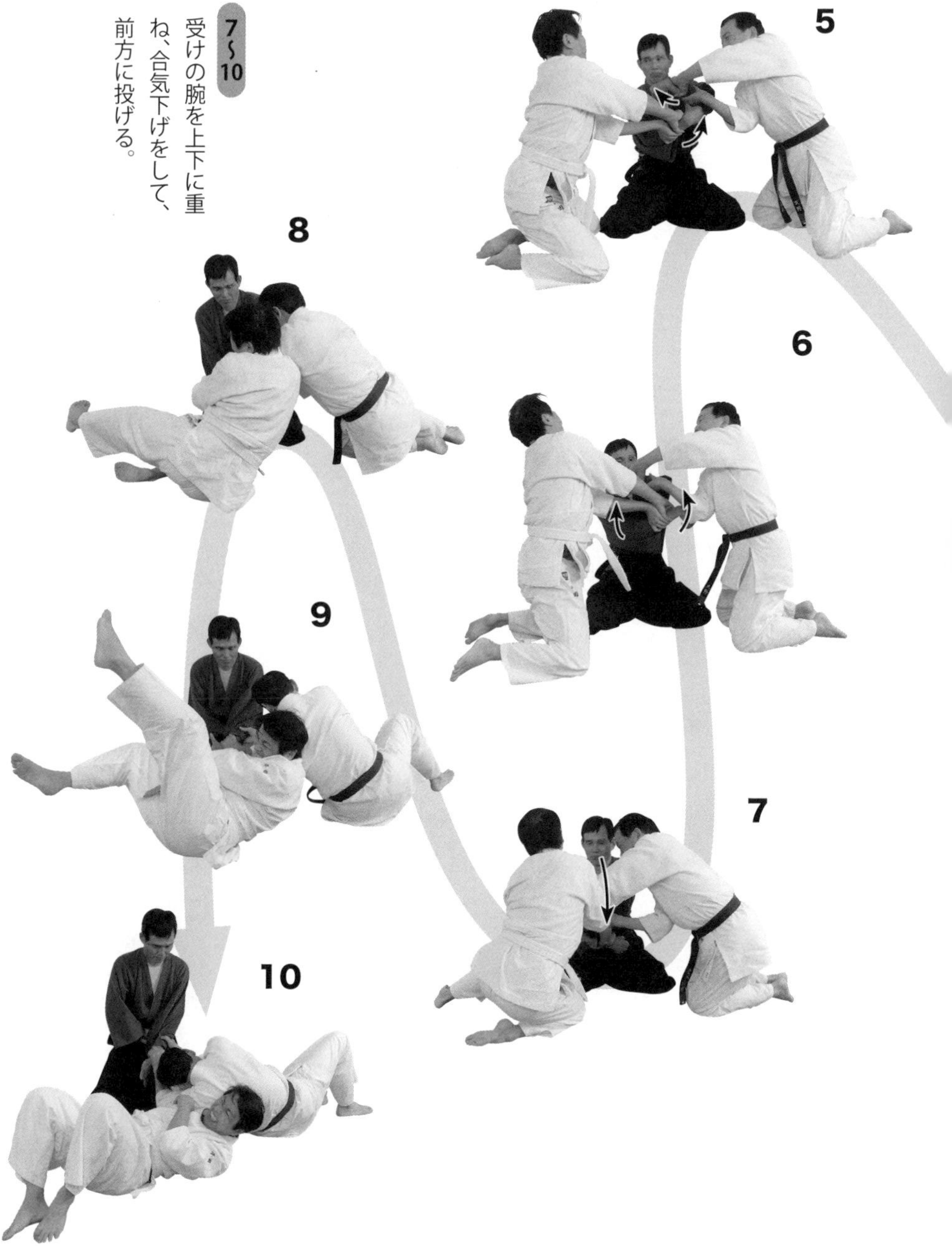

第二章　大東流合気柔術の力学的考察2
力のモーメントと慣性モーメント

▼大東流合気柔術の省エネ技法

大東流合気柔術は、小さな力で敵を投げる技法を備えた、「省エネ」技法である。省エネで投げるとは、小さな力で大きな効果を生み出す、力を有効に使うことを意味する。

その技法のポイントを表す言葉として、岡本先生から稽古で「掴まれた敵との距離がある時、手の位置はそのままにして体を入れ、技を仕掛ける自分の手を体から離すな」とよく言われた。

その解説ために、この章では、大東流合気柔術の技法を、力学、バイオメカニクス（生体力学）の視点から考察していきたい。

▼力のモーメント

まず最初は、理解しやすくするために、力のモーメントから説明する。
力のモーメントとは、「力の能率」であり、人体の力学を考える上で重要な基本的概念である力学量である。簡単に言えば、力のモーメントとは、回転を起こそうとする強さの度合いである。例えば、重いものを持ち上げる際に支点となる第三腰椎にかかる負担や、必要な背筋力を計算することができる。

●レバーアームの長さと力のモーメントの変化

普段我々の身の回りで使われる1キロという表記は質量の単位である。質量とはもともと物体の持っている固有の量であり、地球上の物体には、主に万有引力によって、その物体の質量に比例する力が働く。この力は重力や重量と呼ばれる。つまり、質量と重量は区別されるものであることを理解して欲しい。

力の単位として、質量1グラムの物体に働く重力を1グラム重（1gw）と決めると、質量1キロの物体に働く重力は1キロ重（1kgw）と表される。これらを重力単位と呼ぶ。

体に作用する重力が、重心（体の重さの中心）にかかると考えた場合、この力がつねに体を地球の中心に向かって、重力加速度９．８m/s²（メートル毎秒毎秒）で引っ張っている。よって、地球上で働く1キロ重は、９．８Ｎ（ニュートン）である。ただし、本書は物理の教科書ではないので、分かりやすさを優先して、1キロ重＝９．８ｎ≒10Ｎとすることとしたい。つまり体重80キロの人にかかる重力は、８００Ｎとなる。もし、この人が月に行った場合、月の重力が地球の１／６であるということから、質量は80キロだが、重さ（重量）は約１３３Ｎ（80×１／６＝１３．３キロ）となるわけだ。

続いて、立位姿勢において腰椎にかかる負担と、上体を支えるために必要な背筋力を計算してみる。

頭と体幹の全体重に占める割合は50パーセント（頭7、体幹43）である。つまり、体重80キロの人の場合、約40キロが上半身と下半身を繋げる腰骨・第三腰椎にかかることになる。

また、一般にバランスのとれた立位姿勢の重心線は第三腰椎の前数センチにあるとされるが、ここでは5センチとする。つまり、重心線が通る位置には、「40キロ(上体の重さ)×10＝４００Ｎ」がかかることになる。また、この重さを背中側で釣り合いを取り、前に倒れないようにするための支える力（背筋力）は４００Ｎの力を発揮する必要がある。

要するに、支点となる第三腰椎の椎間板には、両者の合計８００Ｎがかかるということが分かる。

図：立位姿勢時に第三腰椎の椎間板にかかる負荷

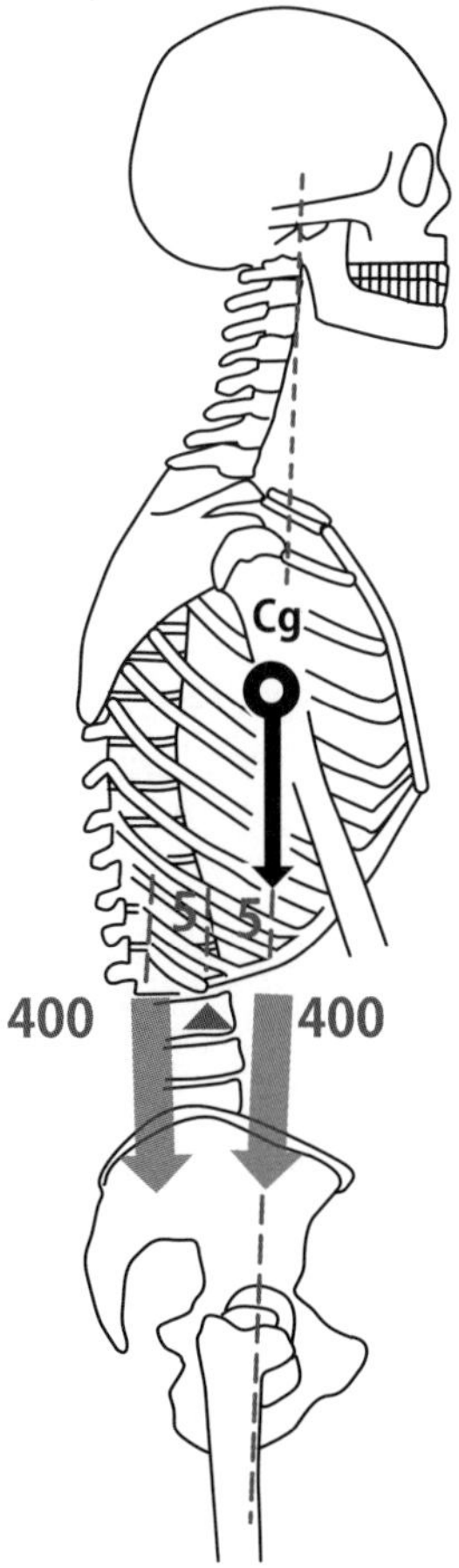

Cg：立位姿勢における上体の重心。
▲：第三腰椎の椎間板

上体の重心線は、▲の位置（第三腰椎の椎間板）の前方 5 センチを通るとする。つまり、背筋力の働きがなければ、上体は前方に倒れてしまう。よって、上体が前方に倒れる力と、それを支える背筋力は同じであるということになる。

上体の重さを 400 Nとした場合、それを支える背筋力は 400 Nであり、支点である第三腰椎の椎間板には 800 Nの力が加わる。

次に、体重80キロの人が、10キロ（１００N）の荷物を持ち上げると仮定した場合、合計４００（上体の重さ）＋１００（荷物の重さ）＝５００Nとなる。この荷物を持ち上げる際に、腕をどのように使うかによって、必要な背筋力や第三腰椎にかかる負担が変わることを、次の３つの条件で計算してみた。なお、荷物を持ち上げるのに必要な筋力を「Fｍ」とする。

１）上体を前に90度倒した姿勢で荷物を掴み、持ち上げる場合

第三腰椎と重力の間の距離（レバーアーム※）を30センチと仮定すると、

Fｍ×５＝５００×30となるので、

Fｍ(1)＝３０００N

２）脇を締め腕を体幹に付ける姿勢で荷物を掴み、持ち上げる場合

第三腰椎と重力の間の距離（レバーアーム）を20センチと仮定すると、

Fｍ×５＝５００×20

Fｍ(2)＝２０００N

３）椅子に座り腕を伸ばして持ち上げる姿勢で荷物を掴み、持ち上げる場合

第三腰椎と重力の間の距離（レバーアーム）を40センチと仮定すると、

※レバーアーム　梃子（てこ）における、支点から力の作用点に下ろした垂線の距離。力のモーメントは、この距離と作用点に係る力の大きさの積で表される。モーメント－アームとも呼ばれる。

図：荷物を持ち上げる際の第三腰椎の椎間板にかかる負荷

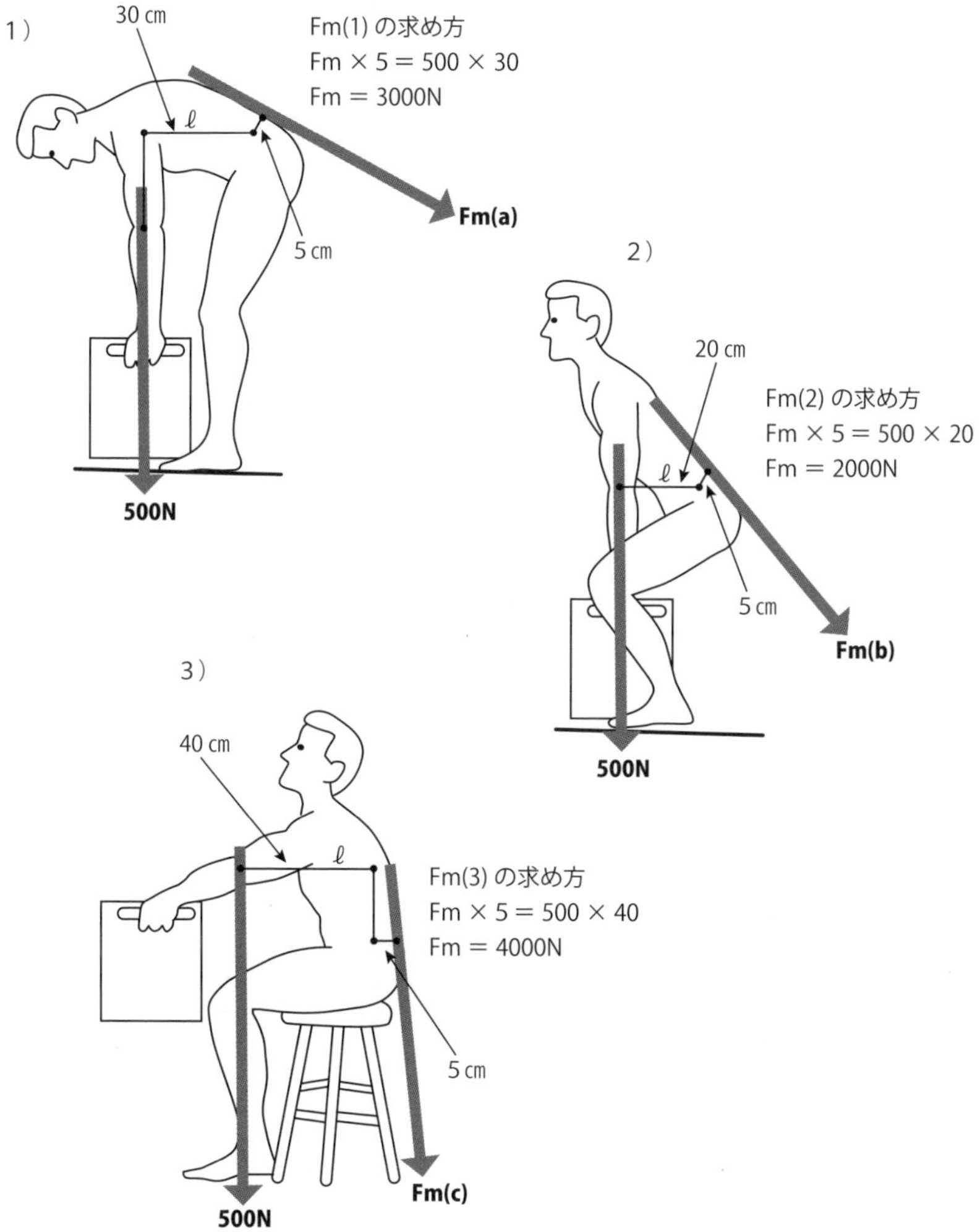

Fm×5＝500×40

Fm(3)＝4000N

以上の計算から、レバーアームが20センチから10センチ延びて30センチになると、必要な背筋力は1.5倍。20センチ延びて40センチになると2倍となることが分かる。

岡本先生が仰っていた「掴まれた敵との距離がある時、手の位置はそのままにして体が入れて、技を仕掛ける自分の手を体から離すな」という教えは、技を仕掛ける時、体幹に近い方が負担が少ないことを示していたということになる。

●体の近くでコロコロ

できるだけ自分の身近で技を仕掛けるということについては、1998年（平成10年）5月2日に放送された、「紺野美沙子の科学館」（テレビ朝日）という番組に、岡本先生が登場した際の出来事を紹介しておこう。レポーターが岡本先生の技の掛け方を見て、次のような言葉を発した。

「岡本師範の素早い動きの技で、どうも体の近くでコロコロ投げられているようですがなぜでしょう？」

この時、解説をしたのは当時、中部大学教授の吉福康郎先生だった。吉福先生の解説の要旨を紹介すると次のようなことになる。

「力学的に確実に言えることは、体の近くでは大きな力が出るということです。腕を曲げた状態と伸ばした状態では、回転する力に差が出ます。もし同じ力を加えた場合、伸びた腕の分だけ回転する力が増すわけです。例えば、相手と組み合った状態の腕をスパナ、相手の体をボルトとした場合、腕を曲げた状態は短いスパナ、腕を伸ばした状態は長いスパナに例えられます。それぞれに同じ力を加えた場合、伸びた腕ほど回転する力が増す。体の近くで（短いスパナ）で力を受けた場合、体は回転しにくくなり、力を有効に使える」

以上が、吉福教授の説明であった。

図：ボルトを回す場合の力の能率（F × ℓ）

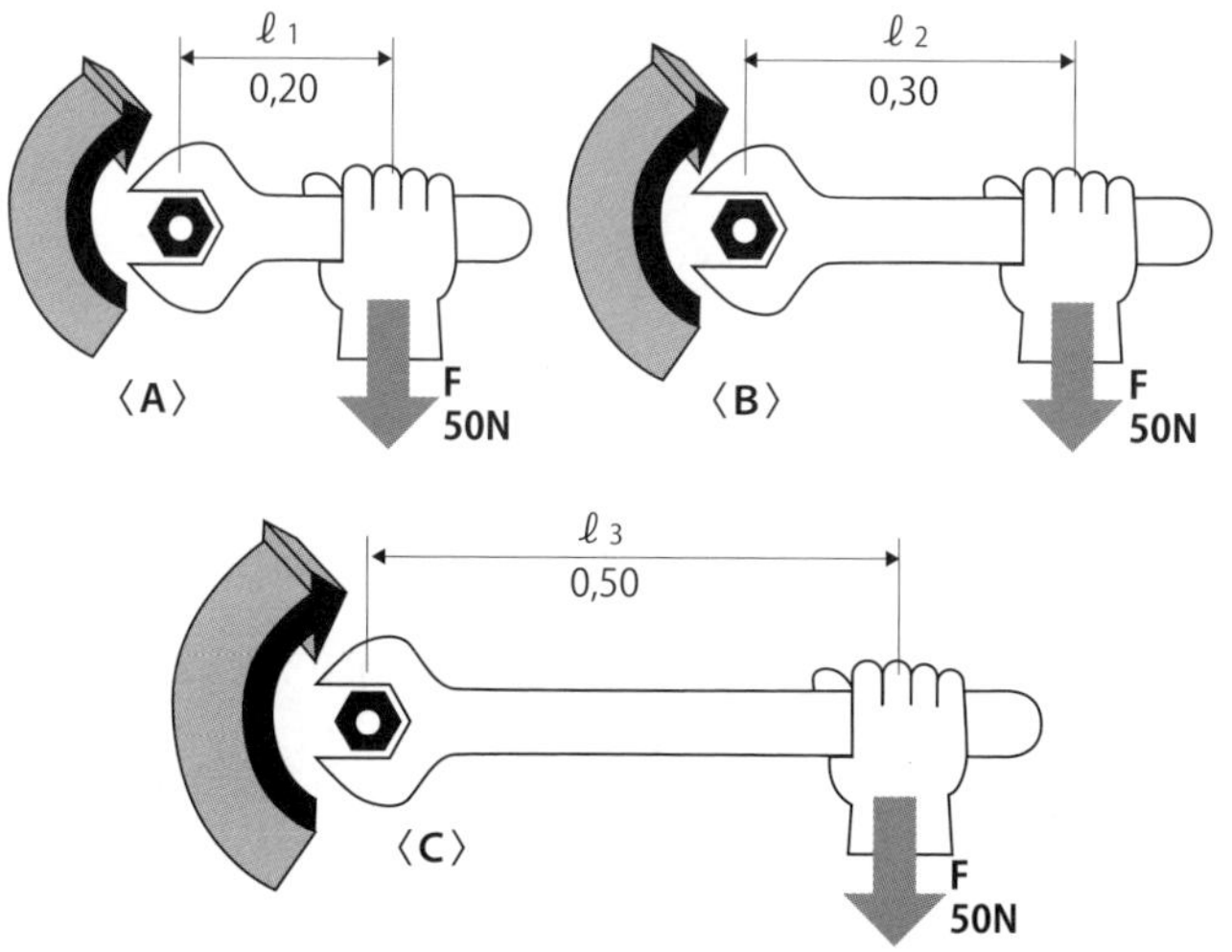

手の力は同じ（50N）でも、ボルトを回す力の能率は、スパナが長くなる順、〈A〉＜〈B〉＜〈C〉に大きくなる。逆に言えば、スパナが短いほど、ボルトは回りにくくなる。相手を長いスパナを付けたボルト、自分を短いスパナを付けてボルトにすれば、力学的に有利になる。

自分で体験するには、次のように実験してほしい。

まず、自分は腕を伸ばし、相手は腕を曲げて肘を体側に付けた状態で、互いの手のひらを合わせる。そして、体を回転させる力で相手を崩そうとする。この状態で相手を崩せるだろうか？よほどの力の差、体格の差がないかぎり、腕を曲げた相手を横に崩すことはできず、相手が少し力を入れれば反対に自分が崩されてしまうだろう。

次に、自分が腕を曲げて肘を体側に付け、相手は腕を伸ばす。この状態で同様に互いに手のひらを合わせ、体を回転させる力を加えて相手を崩してみよう。すぐに相手を回転させる力は、腕を曲げた状態の方が少なく、簡単に出来ると分かるはずだ。

つまり有効に技をかけるためには、相手を腕が伸びた「長いスパナ（腕）が付いたボルト（体）」の状態にし、逆に自分は腕を体側に付けた「短いスパナが付いたボルト」の状態にすることが重要になるというわけだ。

この実験のように、腕を伸ばした人と、腕を曲げた人が手のひらで力比べをすれば、腕を伸ばした人の体が簡単に回って崩れてしまうのは、このような理屈からだ。

１６２〜１６５頁で具体的な技として、相手の手首を掴み、身を返して（回転して）投げる技を例に解説する。

長いスパナと短いスパナの実験

自分が腕を伸ばした「長いスパナ」では小さな力にも負けてしまう

1~3 肘を曲げて、体側に付けた姿勢をした相手に対し、腕を伸ばして力比べをすると、簡単に負けてしまう。

相手が「長いスパナ」であれば、小さな力で勝てる

4~7 自分が肘を曲げて、体側に付けたままであれば、相手を簡単に崩すことができる。

長いスパナ（受けとの距離が長い）

1

2

1〜2 腕を伸ばした状態では相手を動かすには大きな力がいる。

短いスパナ（受けとの距離が短い）

1

1～2
敵の手首を掴む。
体を入れ、肘を曲げて脇に付け、「短いスパナ」にする。

2

3

3
左足を右足に寄せ、さらに入身していく。

次ページへ

4~5

右足を相手の左足の前に置く。

背筋を伸ばしたまま入身して、身を返す。

同時に相手の手首をねじりながら、上に上げる（※1、※2）。

相手はつま先立ちになり、重心の上方への移動と、支持基底面の減少により、不安定になる。

※1
このねじりによって、相手の前腕は強く回外《かいがい》し、腕が最大限に伸び、相手の腕は「長いスパナ」になる。

力のモーメントを最大限有効に使うには、自分と作用点の距離をできるだけ小さくして、敵の腕を最大限に伸ばすことが重要である。

腕の回内《かいない》・回外については、１８２頁を参照。

※2
また、腕が上がることで、相手は回転しやすくなる。ここには慣性モーメントが関係している。慣性モーメントについては、１６６頁を参照。

6～9
右足を一歩前へ踏み出し、相手の手首を振り下ろして、前方へ投げる。

▼慣性モーメント

●回しやすさの力学

これまで身体部位の回転が、その重量（力）や重心位置によってどう変わるかをみてきた。一般的には物体の動かしやすさ、動きにくさは、その物体の重量と力（力のモーメント）や重心位置に関係しているからである。

しかし回転運動においては、動かしやすさが、重さだけでなく、その重心が回転軸からどの程度離れているかによって決まる。ここに関係するのが、慣性モーメント（慣性能率）である。

慣性モーメント（I）は、次の式で表される。

$$I = m \cdot r^2$$

mは質量（重量に比例）、rは回転半径である。

同じ質量（m）でも、その質点中心（重心）が回転軸から遠くなれば、慣性モーメントが大きくなって回転しにくくなる。

敵を回して投げる場合、腕を曲げて体幹に付けた時と腕を伸ばして投げる時を比べると、腕を曲げた時の方が回転半径が小さくなる。すなわち慣性モーメントが小さくなり、回転しやすいことを意味する。

三つの異なった条件で計算したものが、下の図である。

aは回転半径が大きく、質量は小さい。

bは回転半径が小さく、質量は大きい。

cは回転半径が小さく、両端に同じ質量のものが付いている。

これによると、bは、aより質量が大きい（重い）にもかかわらず、慣性モーメントはbの方が小さく、回転しやすいことが分かる。

cは両側の慣性モーメントを足して算出した結果、bと同じであることが分かる。

図：ボルトを回す場合の力の能率（F×ℓ）

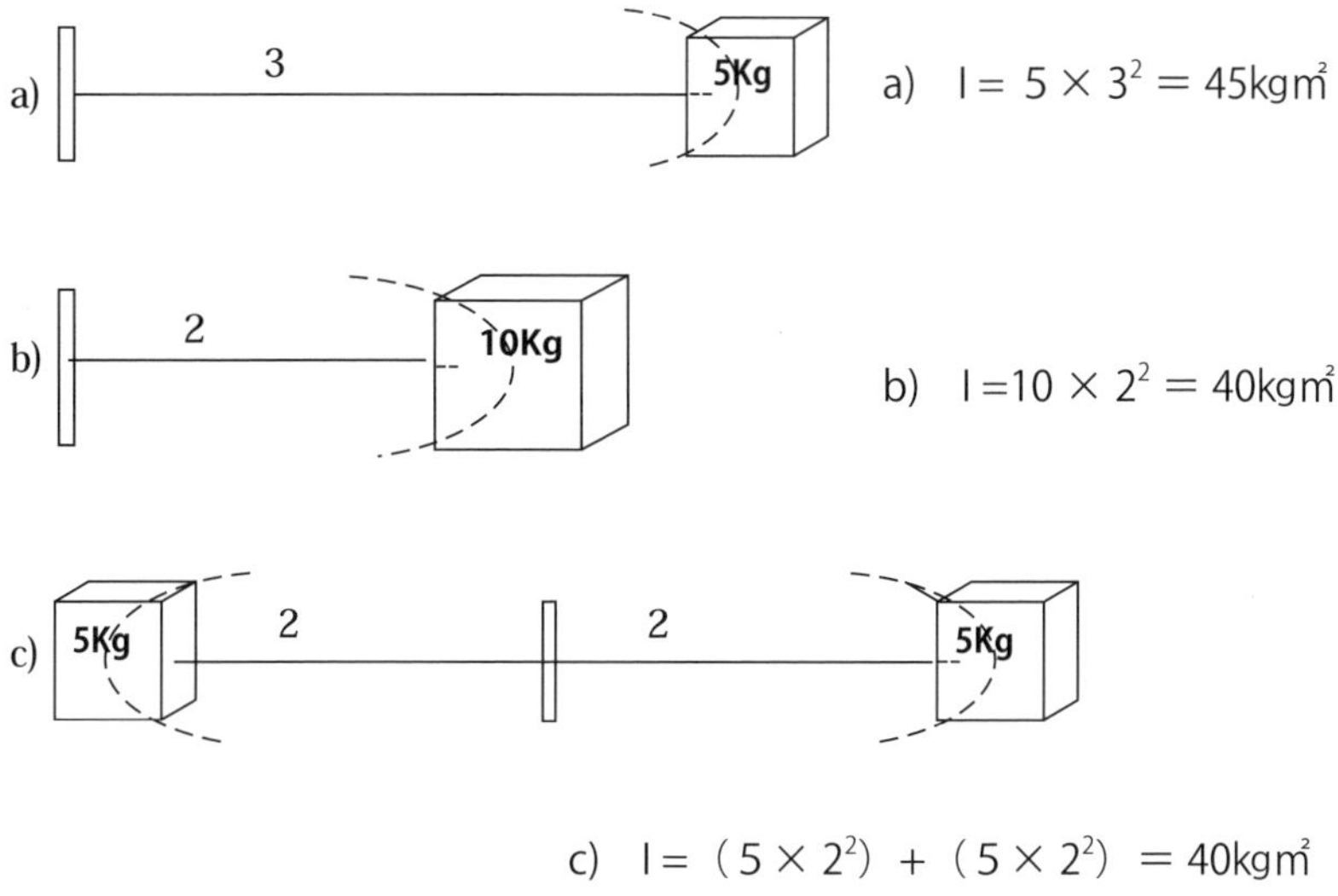

a)　$I = 5 \times 3^2 = 45\text{kgm}^2$

b)　$I = 10 \times 2^2 = 40\text{kgm}^2$

c)　$I = (5 \times 2^2) + (5 \times 2^2) = 40\text{kgm}^2$

●身体長軸の慣性モーメント

体は頭、体幹、腕（手、前腕、上腕）、下肢（大腿、下腿、足）というように、複雑な分節構造を持つ。そして、分節ごとに重さも重心位置も違う。

そのため相手の体を回転させて投げる場合には、身体各部位が回転軸に対してどのような位置を取るかによって、著しく慣性モーメントが変化することになる。

次ページの図は、身体長軸（体の中心から床に向かう軸）まわりの慣性モーメントが、腕の位置や体の折り曲げ方（姿勢の変化）によって変わることを示したもので、スウェーデンのウプサラ大学のバイオメカニクス講師、ロルフ・ヴィルヘード氏が算出したものである。

立位の姿勢で腕を体幹に付けた場合の慣性モーメントを1とすると、両腕を水平方向へ伸ばした場合は2倍となり、両腕を真上に上げた場合は0．8倍となる。つまり、両腕を上げた方が慣性モーメントが小さくなり回転しやすい、ということである。

また、腰を曲げた状態では著しく慣性モーメントが増大する。いわゆるへっぴり腰は回転しにくいということだ。

この慣性モーメントについては、フィギュアスケートのスピンで、回り始めは両手を横に伸ばしておいて、徐々に腕を折りたたんでいく、あるいは挙上することで、回転の速さが増すイメージが分かりやすいだろう。

図：姿勢の違いと慣性モーメント

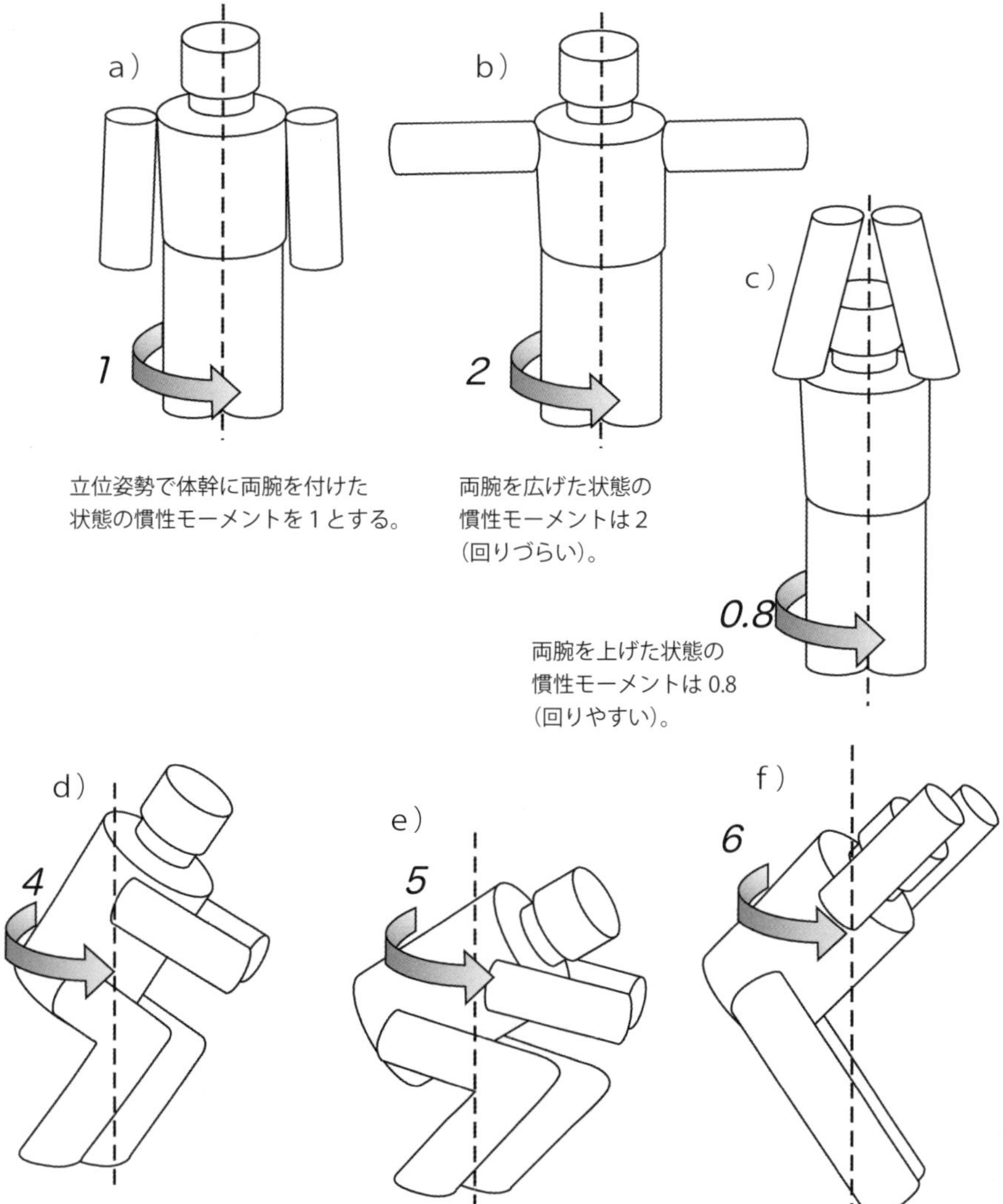

立位姿勢で体幹に両腕を付けた状態の慣性モーメントを１とする。

両腕を広げた状態の慣性モーメントは２（回りづらい）。

両腕を上げた状態の慣性モーメントは 0.8（回りやすい）。

図ｄ）～ｆ）は、腰を曲げた状態の慣性モーメント。いずれも回りづらさが増大している。

慣性モーメントを小さくして相手を回す技法1

1
互いの四指を合わせる。

2
指の腹で相手の手のひらを徐々に丸めていく。

3~4
相手の手のひらを丸める方向を、横から下へと変えていき、徐々に相手の右腕を内側にねじっていく。

5〜7 相手の背後に回り込みながら、相手を回して仰け反らせ、相手を後方に倒す。

相手の腕が折りたたまれ、加えて上に上がることで、慣性モーメントが下がり、小さな力で回すことができるようになる。

加えて、相手の腕の構造を利用して体幹をねじり、さらに反らせていくことで、合気下げと同じく、不安定な状態に導くことができる。

慣性モーメントを小さくして相手を回す技法3

1～4 手首を掌屈させ、肘を曲げながら上げていくことで、二人の受けの腕はねじれて、重心線が前に引き出される。

二人の受けが左右から掴んで来るという状況から合気上げをするという技法だが、これも慣性モーメントという視点を見れば合理的であることが分かる。
　受けの両腕をねじりながら、上に上げることで慣性モーメントが小さくなり、受けは回りやすくなる。

4

5〜6

両腕を上げさせた状態になることで、受けは回転し、仰け反った状態になる。ここで合気下げをすることで、脊椎の弯曲がさらに強調され、受けは自らの力では姿勢を戻せなくなり、立ったまま固められてしまう。

5

6

第三章　大東流合気柔術の解剖学的、運動学的考察1
柏手の意味と効果

▼技の仕掛け　上肢・体幹・首の動き

大東流合気柔術の技法に柏手と呼ばれるものがある。柏手とは一般に、神様を拝む時に手のひらを合わせて打ち鳴らすことであるが、大東流の場合、ただ単に手を打つのでは何の意味も効果もない。

柏手を打つ具体的な技として、ここでは〝柏手手首返〟と〝柏手小手返〟の2例を示す（176～179頁）。

柏手手首返と柏手小手返。そのどちらも指導では、「柏手を打ちながら喉に刺す」という説明がされることが多く、実際この動作が崩しの効果を持ち、両手首を掴んでくる相手に対して、柏手によってその腕の自由な動きを封じることができる。また、相手の動きを封じると同時に敵の腕を通じて技を仕掛けることができる。

柏手手首返、柏手小手返のいずれも、柏手によって敵の体幹が後方に移動していることに注目してほしい。この体幹の後方移動が、崩しであり技のスタートとなる。

ただ、こちらの攻めや崩しに対して、相手も関節を曲げて逃げることが可能である。そのため、そうした動きを封じることも、柏手の中に含めなければならない。一見両手のひらを合わせているだけに見える柏手だが、そこには様々な要素が含まれているのである。

ではまず柏手手首返と、柏手小手返。この二つの技の違いをあげよう。

柏手手首返は敵の手首を掴み返すことはなく、掴んでくる相手の力を利用して崩し投げている。一方の柏手小手返は敵の手首（小手）を掴み返して手首関節を決め、時には痛めつけて投げる。

柏手小手返は、相手の手首を掴み、関節を固定する（あるいは痛めつける）という部分があるが、一方で、柏手手首返は相手の手首を掴まない分、技としては難しい。しかし、この技の仕掛けは重要で応用が利くため、大東流合気柔術ではベーシックな技法、技の仕掛けとも言える。

なお、実践的な技の運用においては、実際に音を鳴らして柏手を打つことはない。以降に紹介する柏手手首返、柏手小手返は、技を理解するし学ぶための基本的動作と思ってほしい。

柏手手首返

1 基本型は座取りにて行う。相手が正面から両手を押さえてくる。

2~4 柏手を打ちながら、掴まれた両手の指先を敵の喉に刺すイメージで突き出す。

5 左手が上、右手が下になるように返し、指先を中心に左手首を左に回す。

6~9 右手が上、左手が下になるように返しながら、両手を腰に引き付けて左に投げる。

柏手小手返

1〜2
相手が正面から両手を押さえてくる。

3〜4
柏手を打ちながら、掴まれた両手の指先を敵の喉に刺すイメージで突き出す。

5〜6
右手を下から回して、相手の右手首を掴む。手は左親指を支点に回して外し、右手に添える。

7

7〜9 右手を回し、自分の右足に引き寄せるようにして投げる。

8

9

10 左手刀で固める。

10

▼柏手の解剖学的、運動学的考察

先に述べたように、ただ柏手を打つだけでは、有効な崩しの効果は得られない。課題の一つとして、先に記したように相手はこちらの仕掛けた崩しに対して、関節を曲げて逃げることも可能であるという点がある。

柏手小手返は敵の手首を極めて逆手を取るため、手首が取れてしまえば比較的投げやすい。だが、柏手手首返は手首の返しだけで投げるため、その際に相手の肘関節が屈曲していては、力が吸収されてしまい有効な崩しとはならない。つまり相手を崩すには、まず敵の肘関節を伸展させねばならないのだ。

では、どのようにすれば、相手に逃げられずにこちらの攻めの力（崩し）を相手に伝えることができるだろうか？　それを理解するためには、解剖学的、運動学的な視点が必要である。

とくに、腕の伸展に関わる仕組みや、肩の構造への理解が必要であり、さらに投げる段階へ移行するには脊椎の構造を知っておくことが重要になる。

ここにはさらに反射という生理学的な理解も重要であるが、その解説を解剖学的な解説と同時に行ってしまうと、非常に複雑になってしまうため、この章では解剖学、運動学からの考察に集中し、生理学的な解説は後の「反射」の章に譲りたい。

有効な柏手

相手の腕が伸展して、その腕を通してこちらの力が体幹に伝わっている。相手の体幹は後方に移動している。

無効な柏手

相手の腕が屈曲して、その腕を通してこちらの力が体幹に伝わらない。

さて、直立二足歩行を始めた人間は、四足動物の前脚であったものが自在に活用できる腕となり、地面に触れていた前足が手となった。腕には肩関節、肘、手首といった関節があり、自分で動かしてみても分かるように、かなり自由に動かすことができる。

合気上げや柏手においては、肩関節、肘関節、手関節という、この三つの自由に動く関節の動きを封じ、〝どう技を仕掛けるか？　どのようにして投げるか？〟が問題になる。

●回内・回外と手首関節・肘関節

まず、前腕の回内《かいない》（手のひらを下に向けた状態）と回外《かいがい》（手のひらを上に向けた状態）について説明したい。

一般にキーボードを打つような動きの際には、前腕は「回内位」で、親指が内側を向く。

次にコップを持ち親指が上に来た際の前腕が「中間位」の状態である。

そしてご飯茶碗を持った状態では、前腕は「回外位」で、親指が外側を向く。

この回内・回外は、前腕の二本の骨（尺骨と橈骨）の間で起こる運動で、手関節の動きによるものでない。

通常、相手が掴んでくる場合は、前腕は回内位である。回内位は、キーボードやハンドルなどの道具を使う手の機能が優先されたポジションで、また肘の屈曲が０～１４５度と大きく、動きの自由度が高い。そのため、相手の前腕が回内位のままでは、柏手による攻めに対して逃げられ

図：前腕の回外・回内運動

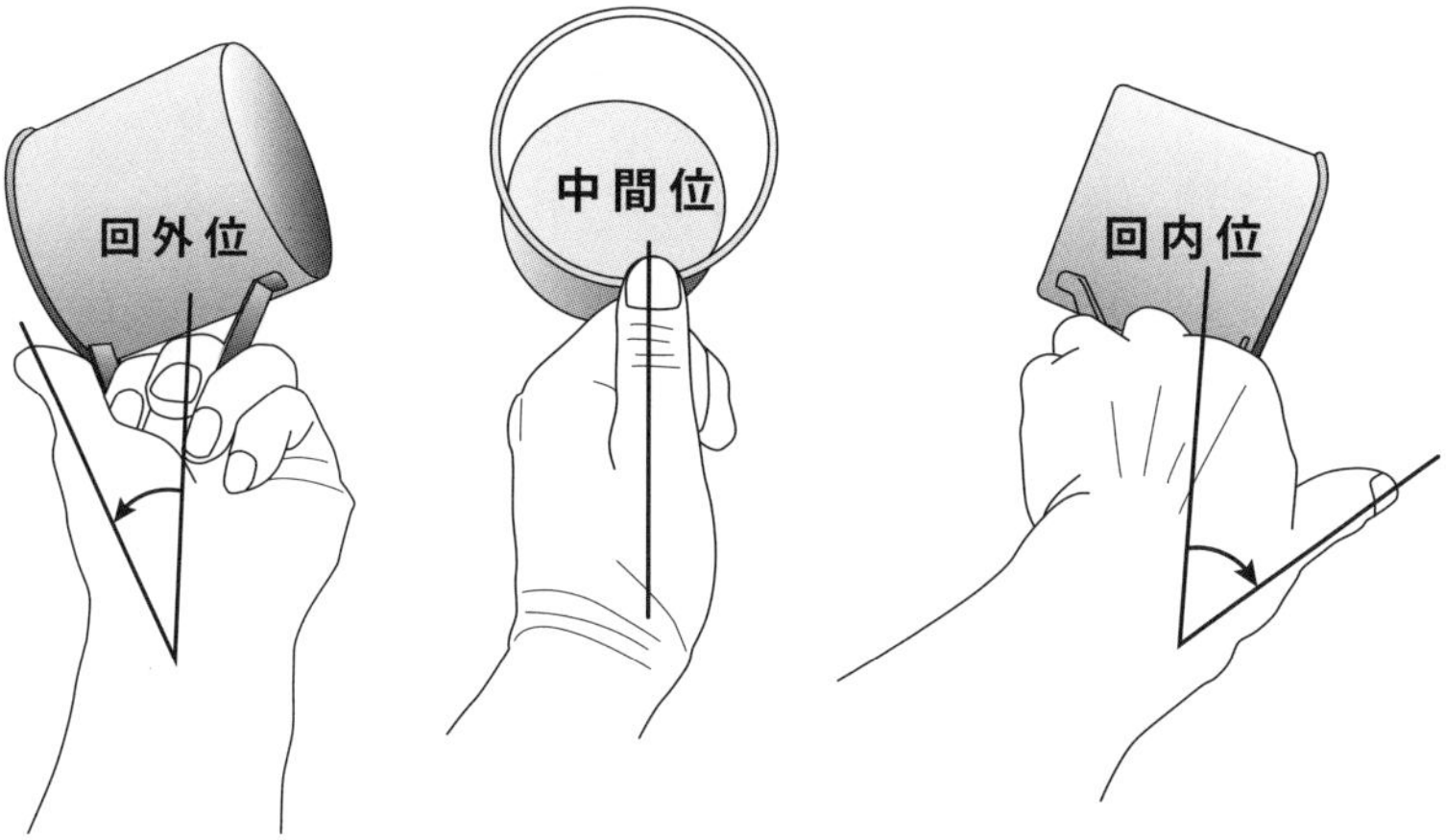

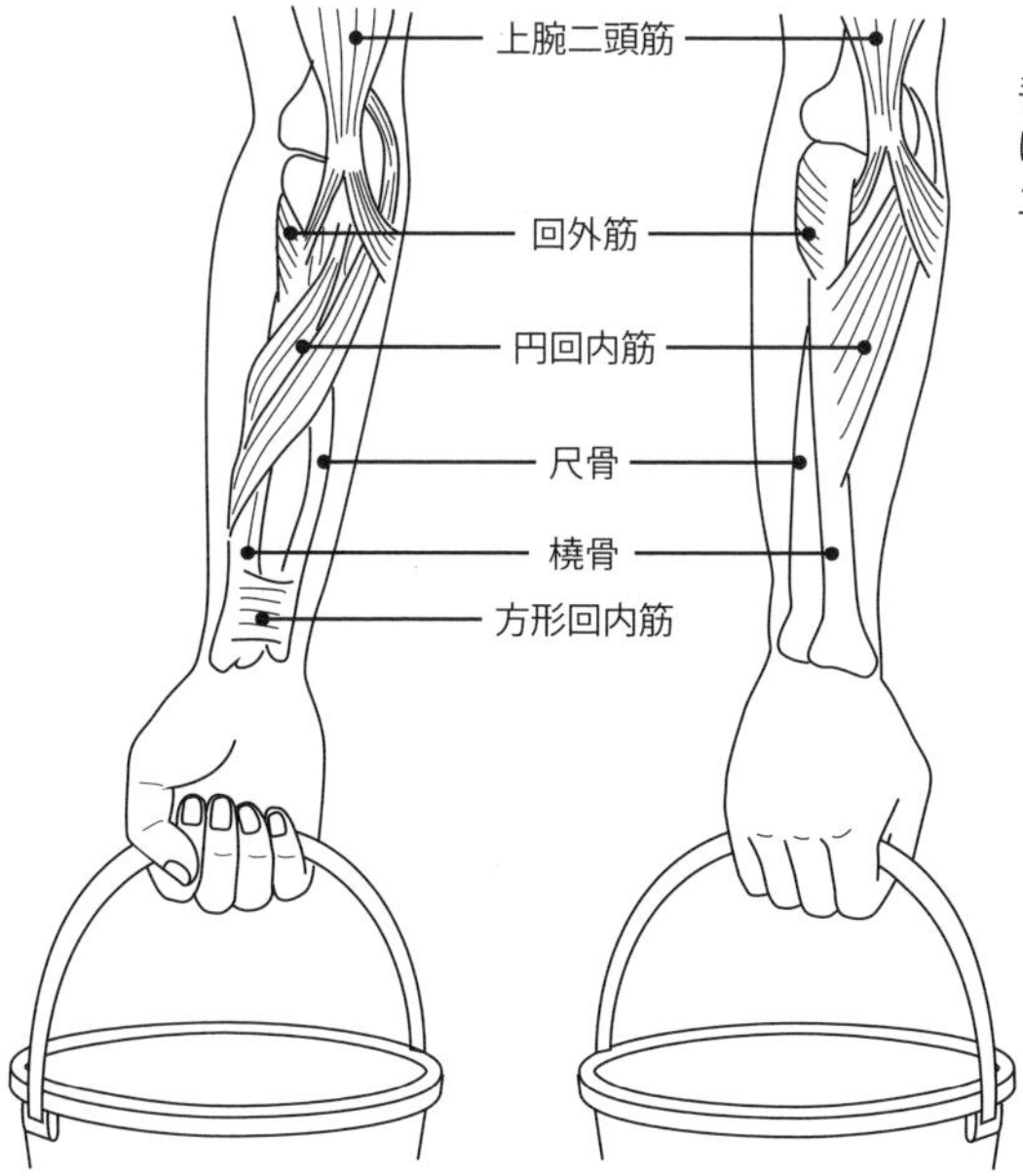

手のひらを返すという動作は、手首ではなく、前腕の二本の骨によって起こる。

やすく、肘関節を柏手で伸展させることが難しいということになる。

逆に言えば、相手の前腕を回内位から中間位、さらには回外位にすることで、肘関節は伸展しやすくなり柏手も掛けやすくなる。肘が伸びてしまえば、肘関節の伸展は0～5度と極めて小さいため、力を伝えやすく崩すのは簡単で投げも容易になる。

もちろん、相手の前腕が回内位、中間位、回外位のいずれであろうが、攻めに対して肘を曲げて力を殺いだり逃げることは可能だ。そこで、無意識に肘を伸展させることが重要である。この術理には反射が関わるため詳細は「反射の章」で述べることにする。

●肩関節を制限する

次に重要なのは、肩関節と肩甲帯の制限である。我々が腕を大きく動かせるのは、上腕骨と肩甲帯の協調運動による。これを制限しないと相手に逃げられてしまう。

一般に「肩関節」と呼ばれるのは、上腕骨頭と肩甲骨の関節窩が作る肩甲上腕関節であり、肩甲骨肩峰と上腕骨頭が作る上腕上関節を含む（実際は上腕上関節は烏口肩峰靭帯と上腕骨頭で作り、真の関節とは異なり、第二肩関節、機能関節と呼ばれている）。

腕を横から上に上げる動作の際の肩関節に注目して説明すると、次のようになる。

上腕（上腕骨）が外側に動き始めると、肩甲骨が連動して上方回旋する（肩甲骨の下部が外転）。肩甲骨が動くと、連動して鎖骨も上方に動く。

図：腕の挙上時における上腕骨と肩甲帯の協調運動

a

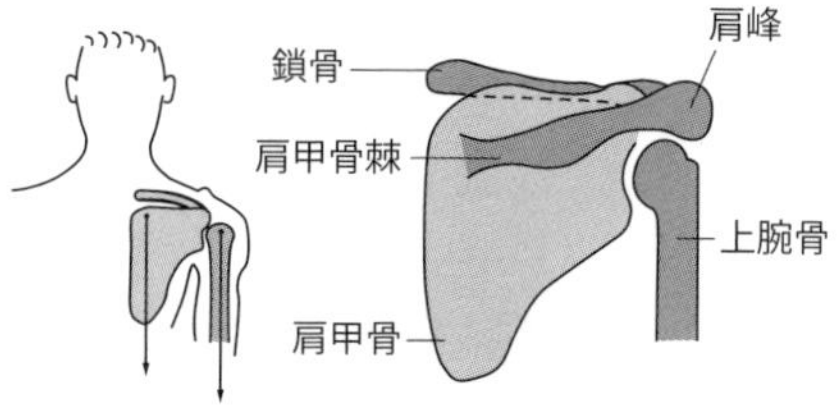

腕を体側に下ろした状態。

b

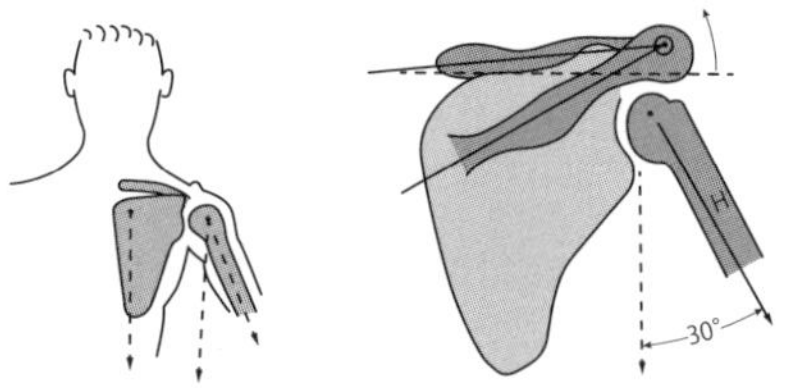

腕を横へ 30°開いた状態。
肩甲骨も上方回旋を始める。
同時に、鎖骨も上がり始める。

c

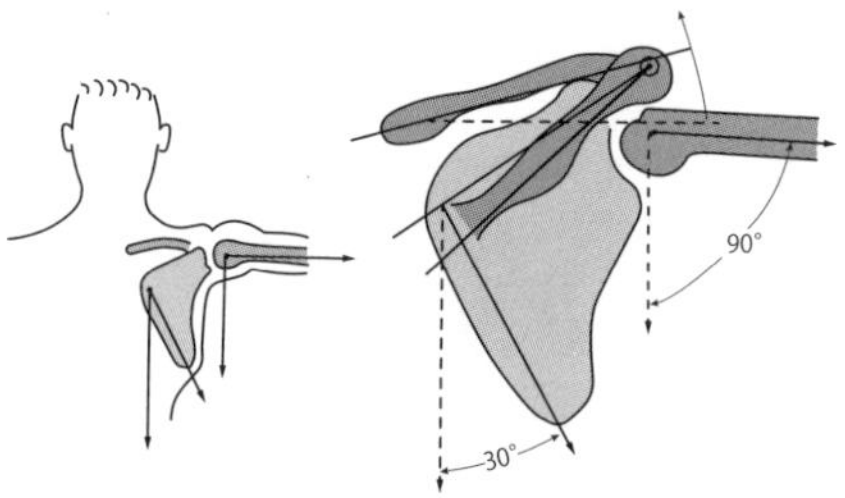

腕を横へ 90°開いた状態。
肩甲骨の上方回旋は 30°になり、
鎖骨もさらに上がっていく。

d

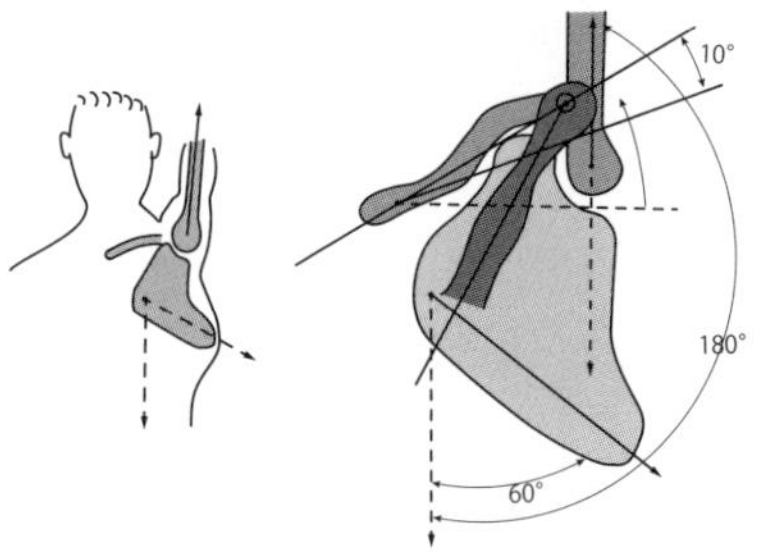

腕を上に上げた状態。
肩甲骨の上方回旋は 60°になる。

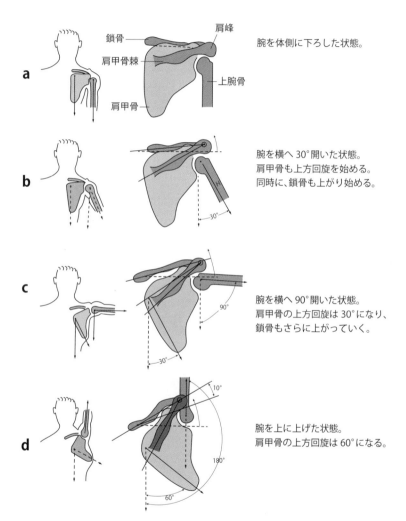

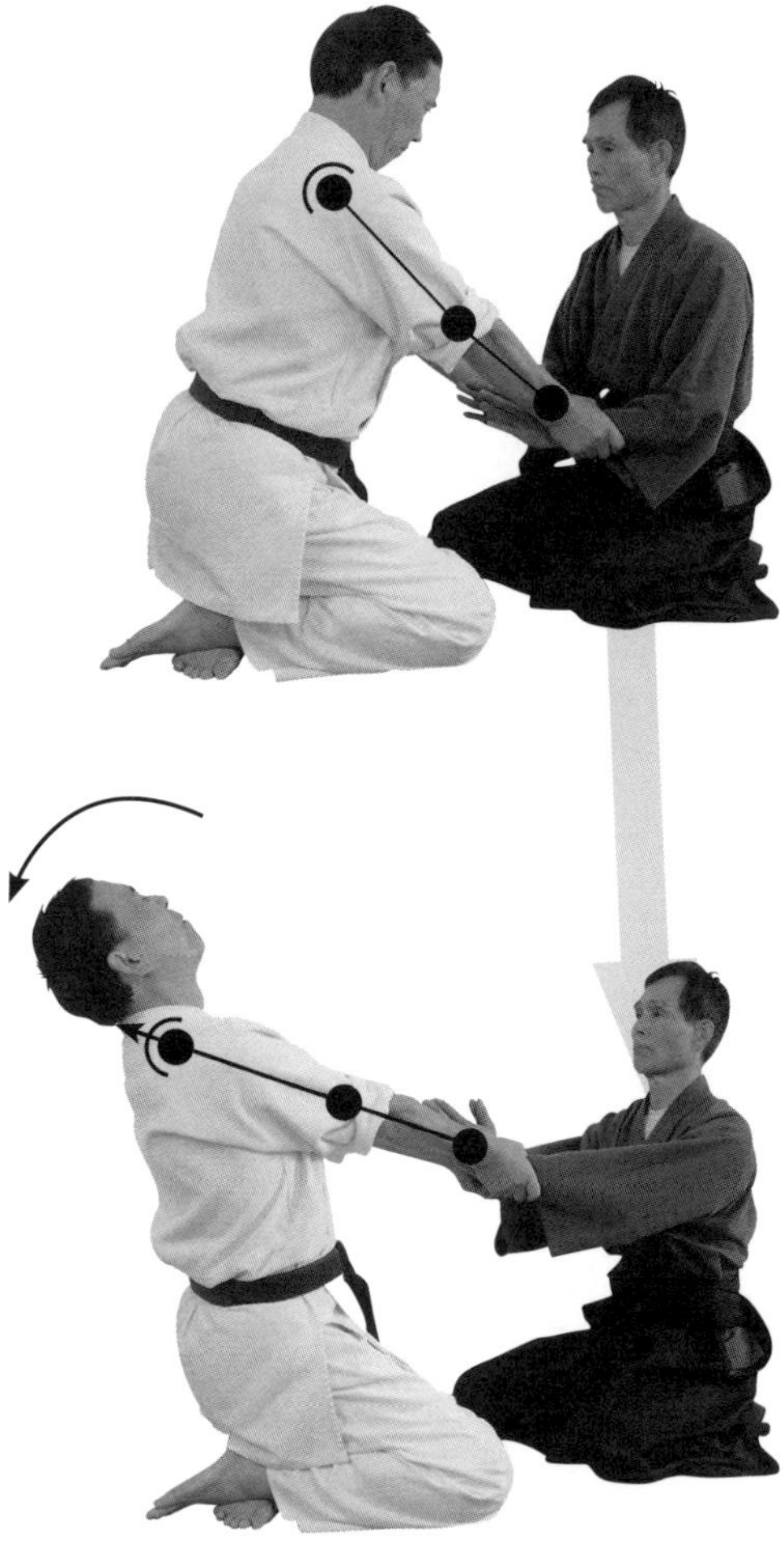

腕の動きを制限する角度

相手の前腕を回外位にしながら、肘が伸び、肩甲骨の動きに制限が掛かる角度に、相手を突き出す。

その動きや角度は、頭で覚えても理解できない。

繰り返し稽古して、体得する必要がある。

逆に言えば相手の腕を制御し、固定してしまうには、この肩甲骨と鎖骨の連動運動を制限させればよいのだ。そのため柏手を打ちながら前方への攻めることで、肩甲上腕関節を固定し、動きを止めるのである。攻めの方向は186頁の写真を参考にしてほしい。

なお、力を加える角度が適切であれば、こちらから仕掛ける場面でも、効率よく相手を崩すことができ、稽古を重ねていけば指一本で相手の重心を動かすことができる（188〜189頁）。

この時、手首、肘、肩関節をロック（固定）することが重要になる。手首関節がロックできていても肘、肩関節がロックできていなければ、技をかけても逃げられてしまい、悪くすれば逆に技を返されてしまうだろう。

●体幹の動きを制限する

これまで柏手による崩しにおいて、上肢の動きを制限することに関して解説した。次に、柏手で投げる段階について説明したい。

投げの理解には、頭部、頸部、体幹の運動を理解する必要がある。それらがすべての技の投げやすさに重要な意味を持つからだ。当然ながら手首を返すだけでは投げることはできない。手首を返すことは、投げの起点であり、それにより頭部、頸部、脊柱の構造、運動の特性を利用することが重要なのである。なにより体幹の動きを制限しないと逃げられてしまう。

合気之術で楽に投げる、つまり力をあまり使わずに投げるには、体幹（背骨）のねじりやすい

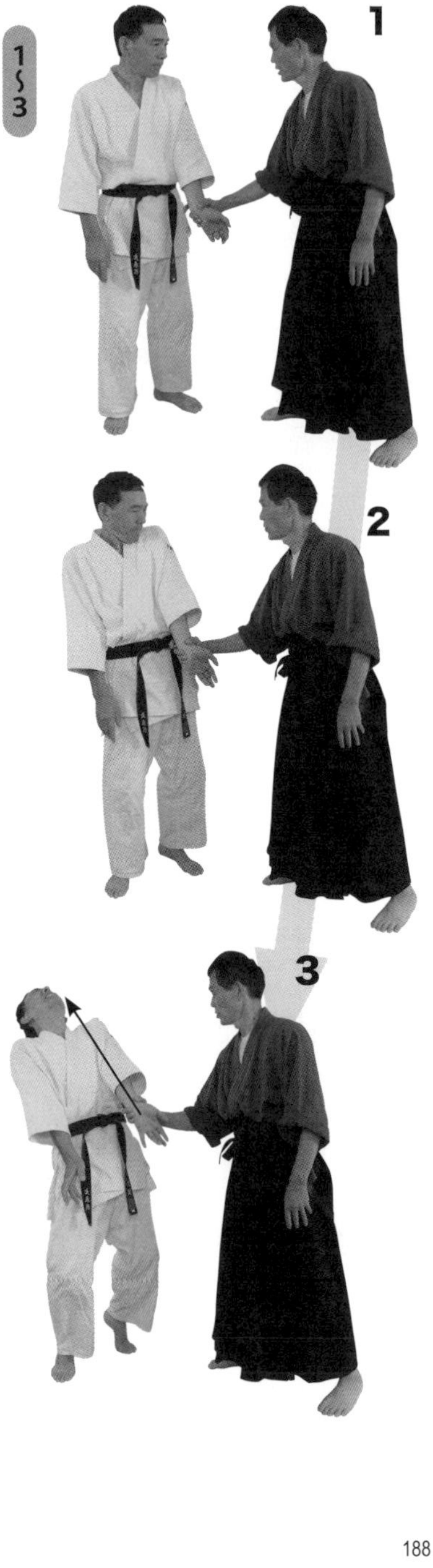

1〜3

相手の手首を掴み、前腕を回外させながら、肩まで力を通す。

NG

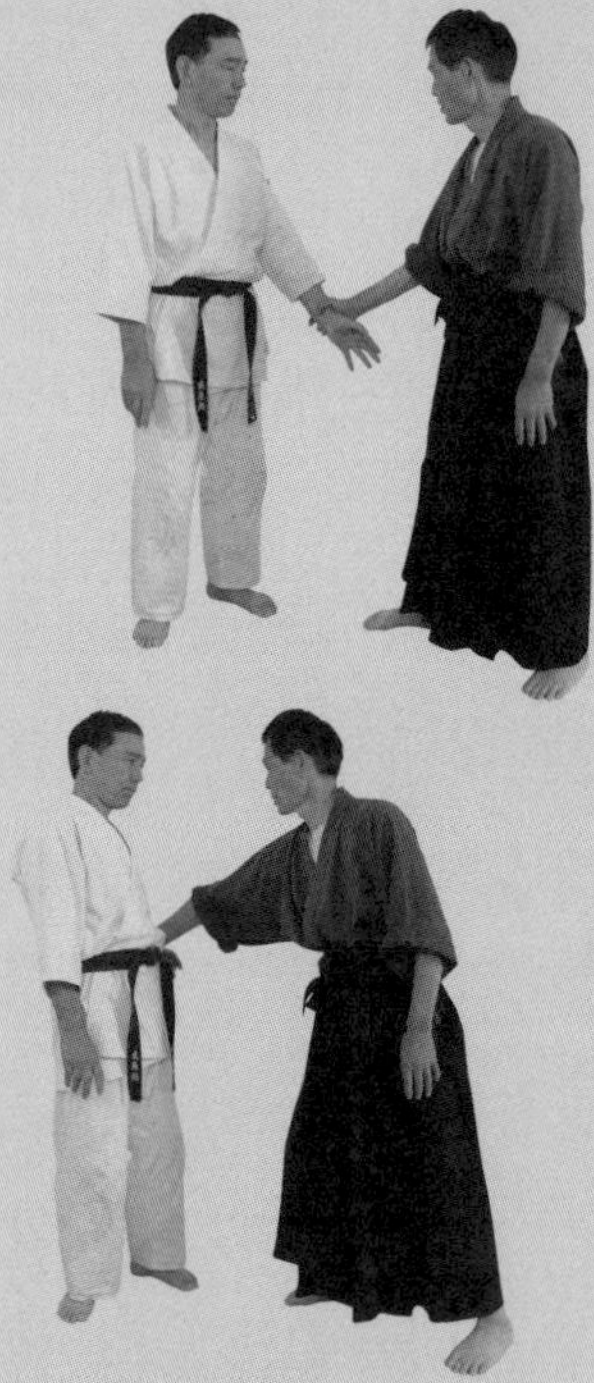

力を加える方向が違うと、逃げられてしまう。

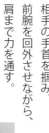

腕・肩の構造を利用して相手を崩す2

1

1~2 相手の右手の甲に人差し指を当て、手首と肘、肩を固定する方向に力を加える。

2

3 力を加える方向が適切であれば、相手の肩は上がり、体が傾いていく。

3

外手手返し

1~3 受けが左手で、右手を掴んでくるのに対して、合気上げをする。

4~5 手首を返して逆手を取り、肩に通す力の向きを変化させることで、体を後ろ向きにさせる。

1

2

3

4

5

6〜8 合気下げをして、さらに相手の体を回し、掴まれた手を相手の腰の高さまで下ろす。

9 右手の手刀で、相手を立ったまま固める。

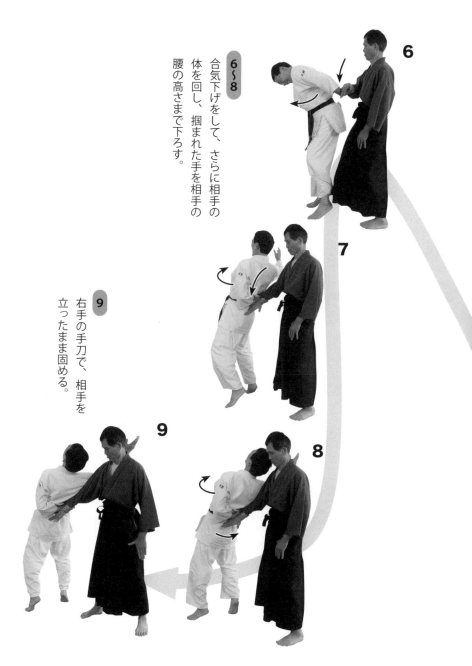

両手攻め落とし

1〜3
受けが、両手を掴んでくるのに対して、手を外に回しながら合気上げをする。相手の前腕は強く内にねじれ、肘が伸びて、肩まで力が通りやすくなる。

4〜6
両手をさらに内に絞りながら、合気下げをする。
相手は仰け反りながら崩れ、倒れる。

内手掴み返し

1

1 右手で握手した状態から始める。

2

2 合気上げをして、手首、肘、肩を固定する方向に力を通す。握手した時の前腕は、中間位にあり、手首を尺屈（小指側に曲げる）をさせることで、肘を伸展させせやすい。

3

3 右足を一歩前へ出しながら、合気下げをする。相手の脊椎はより強く弯曲して仰け反り、重心線も前に引き出される。

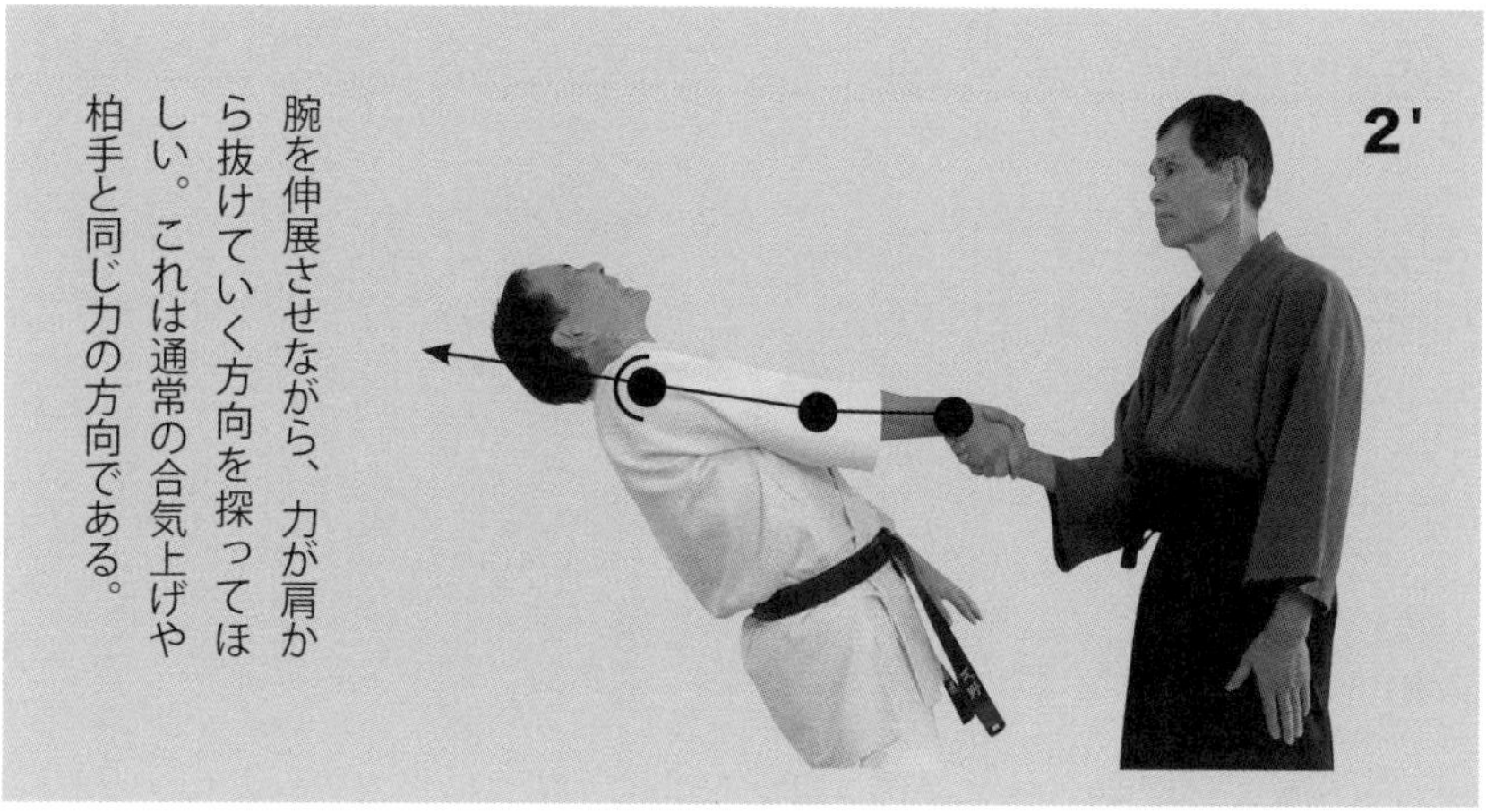

腕を伸展させながら、力が肩から抜けていく方向を探ってほしい。これは通常の合気上げや柏手と同じ力の方向である。

4～5 左足を一歩前へ出しながら、相手を背中から落とす。左足の送り足が遅れないように注意する。

方向に相手を誘導することが重要である。柏手小手返であれ、柏手手首返であれ、合気の技であるためには、受けが転ぶべくして無意識のうちに転んでくれることが理想と言える。それこそが合気之術であり、そのためには体幹を自然にねじらせることが重要になる。

体幹（背骨）のねじりやすさには一定のルールがある。

頸椎の場合は、頷く（屈曲位）と仰向く（伸展位）に関係なく、首を傾ける（側位）方向と、首を回す（回旋）方向が同じになる。

仮に顔を右に回した場合、頭・首は右に傾き、体幹は右に回しやすくなる。つまり体幹（背骨）は右にねじりやすくなる。ねじりやすくなるとは、右に投げやすくなることを意味する。

また、頭や首を右に傾けると、体幹は右に回しやすく、左には回しにくい。

これらは、頸部から起こり体幹に働く「立ち直り反射」が関わる。

左ページに柏手手首返を示した。頭の回転方向と体幹の回転方向が同じであることが分かるだろう。また、右方向に投げるのに、頭はいったん左方向に傾いてから、頭が回って、体が右側に倒れていく。

自分で行ってみれば分かるが、頭を傾けて体幹を回すと技が2ステップになり、ぎこちないだけでなく技が硬くなる。そこで、頭を回して、投げる方向に頭を回転させるように導くと、技が1ステップとなる。この場合、受けの頭の重みを利用でき、頭部の回旋から体幹のねじれが生まれ、投げをよりスムーズに仕掛けることができる。

頭部、頸部の傾き、回転に注目して技を見ると、多くの場合に共通する要素であると気が付くだろう。
本書に掲載された他の技も含め、研究してみてほしい。

柏手手首返

なお、体幹をねじるというと、腰、つまり腰椎が回っているようにイメージすることが多いだろうが、実際には、腰椎は前後や左右へは大きく動くことができるが、回旋運動は5～12度程度しかできない構造になっている。

では、いわゆる「腰を回す」、「体をねじる」と言う時に、実際はどこが動いているのかと言えば、動いている部分は腰椎の上にある胸椎と下にある股関節なのだ。

胸椎は肋骨があるため、前後の動きは制限されるが、35～45度程度の回旋運動は可能なのだ。また股関節は多軸関節（202頁参照）であるため多彩な動きを可能にしている。つまり、「腰を動かす」、「回す」仕組みは腰椎、股関の協調運動と胸椎との連動によってなされているということである。

つまり、体幹をねじる運動は、頚椎と胸椎、股関節によって行われており、この運動のスタートが頭・頸部の回転運動にあるわけだ。

●柏手による崩しの解剖学的・生理学的解釈

合気之術は関節を極め痛めつけるのではなく、あたかも舞踊の流れのごとき優雅な動きである。相手の先（先手）に対して、後の先を取って敵に対処して、体勢を崩し、自分に有利な状況に持ち込んで投げる、または押さえる。

ここにおいて、技の流れのリズムが極めて重要である。

柏手手首返の柏手はあくまで基本的な所作である。柏手の意味が理解し、その所作ができなければ合気之術は使えない。合気之術が分かれば、手首の返しのみで投げが可能になる。そこに大東流合気柔術の妙技がある。

ただ単に手首を返すだけでは技にならない。肘、肩、首、体幹の解剖学的構造と運動のリズムを巧みに利用して、攻め、崩して、投げているのである。

まず柏手によって肘関節の自由を奪い、腕を通して、肩甲帯の自由な動きを制御し、こちらの力を体幹に伝える。これにより相手が肘を曲げたり、肩を回して逃げることを封じられてしまう。そして相手の体幹、最初に頭・頸部が回転し、これが体幹のねじれを誘い崩し投げるのである。

この柏手の基本動作ができるようになると、柏手を打たずに片手でも自由に相手を転がすことが可能になる。しかしその場合も、この崩しや攻めるルートのイメージは、柏手を打たない場合でも極めて重要である。

第四章　大東流合気柔術の解剖学的、運動学的考察2
技の仕掛けにおける腰部・下肢の動き

▼人間の下肢の構造

人体の構造は、上から頭部、頸部、体幹、下肢と分けられ、骨盤から下の部分を下肢と呼ぶ。股関節を含む下肢の動きは、武術、特に大東流の技の運用に深く関わっている。

股関節、膝関節、足関節は運動の過程で複雑に連携し、二足で立ち、重い体幹を支えて歩行し、方向転換するという複雑な運動を行っている。

人間は進化の過程で四足歩行から二足歩行になり、それに伴って解剖学的（構造的）にも、機能的（運動学的）にも、大きな変化を起こしている。

解剖学的には下肢が長くなり、相対的に骨盤は縦に短くなった。関節を動かす筋肉も、股関節では大臀筋・中殿筋が短くなり、下肢の筋肉は長くなっている。

機能的には、骨盤は体重保持よりは股関節の屈曲、伸展、回旋といった機能面が重要な意味を持った。つまり、二足による立位や歩行には、下肢と腰部の運動が大きく影響するのである。
この変化の中で制限された機能もある。膝関節が伸展した状態では、腰の回転がスムーズにいかないのである。

●二関節筋を働かせる

下肢の運動を可能にしている筋肉群で重要なのは、二関節にまたがる筋肉、二関節筋である。内転筋の一部、外転筋の一部、大腿二頭筋を含むハムストリング筋群などがそれに当たり、下肢の動きに重要な意味を持ち、また殿筋も重要な筋肉である。

ハムストリング筋群は、大腿二頭筋、半腱様筋、半膜様筋である。これは股関節と膝関節にまたがる二関節筋で、大腿二頭筋は、股関節の伸展、膝関節の屈曲、大腿の外旋といった複雑で重要な働きをし、歩行の時にもっとも効率よく働く。

下肢の二関節筋の影響で、股関節の外旋、つまり大腿骨を外方に回旋する動きは、膝関節を屈曲させた方がスムーズに行える。股関節の運動範囲は、膝関節を伸ばした時（伸展）より曲げた（屈曲）時の方が、大腿部の強力な筋群の緊張が減るため、約2倍に増大するからである。

また、股関節を強く屈曲させた状態、いわゆるへっぴり腰の状態では、上体のバランスが悪く、膝関節、足関節の運動リズムが悪くなる。ハムストリング筋群の機能が低下するからである。

●股関節の運動

股関節は下肢と体躯を結ぶ関節で人の二足歩行を可能にしている重要な働きをす部位であり、前屈、後屈、腰の回転と、あらゆる方向へ自由に動けるように多軸関節となっている。

この股関節及び股関節の運動は技の仕掛け、投げにおいて重要であるので、簡単に股関節の運動についてまとめておこう。

①屈曲：骨盤に対して大腿骨が前方に向かって動く。
②伸展：骨盤に対して大腿骨が後方に向かって動く。
③外転：大腿骨が体幹軸矢状面から離れる方向に向かって動く（直立した身体を縦の中心線左右に等分した面を正中矢状面と言い、正中矢状面に平行する面は矢状面という）。
④内転：大腿骨が体幹軸矢状面に近づく方向に動く。
⑤外旋：大腿骨が外方に回旋する。
⑥内旋：大腿骨が内方に回旋する。

●足及び足関節の関わり

足関節（足首）、足の指の関節については、あまり気にとめない人が多いかもしれないが、技のかけやすさ、技の切れに大いに関わる。

足首は「足関節」と言い、つま先を伸ばし、踵を上げる動きを「底屈」と言う。反対に、つま先を上げる動きを「背屈」と言う。

普段から重心が踵に乗っている人は、足の指が浮いた、いわゆる浮き指になっていることが多い。浮き指になっていると、安定が悪いだけでなく、運動能力も落ちるという。これは足首の関節が有効に使えないことで、膝関節や股関節ともうまく連動が取れなくなってしまうためであると考えられる。

技がかかりにくい、運足が苦手という人は、踵を高く上げるほどではないにせよ、足を底屈させるような心持ちで、地面に足の裏を着けてみてほしい。

また、技の運用において忘れがちなのが足の指である。足を底屈させて地面に付けると、自然に足の指も地面を掴むように働くだろう。別の言い方をすると「地に吸い付く足指」である。

このように、足の指、足関節、膝関節、股関節の動きがすべて有効に連動してこそ、自由な運足が可能になるのであり、体の安定を保つためにも重要なのである。

●下肢の働きと技の運用

２０５～２０９頁に示した技は、両手を取ってきた、あるいは胸を取ってきた相手を引き落とすという極めてシンプルな技である。この技を楽に有効に運用するには、股関節と膝関節、足関節の使い方がキーワードとなる。

膝関節が伸展している場合、股関節部の回転が小さく、膝関節、足関節も固定され、動きが悪くなる。そして、膝関節と股関節が大きく屈曲している、いわゆるへっぴり腰のスタイルでは、股関節の回転もぎこちない。さらに重心位置が前方に移動するため不安定になり、相手に引っ張られやすく、相手を引き寄せるのにも余分な力が必要となる。

逆に膝関節を適切に屈曲させた場合、上体を立てたまま重心を落とすことができ、足関節もやや屈曲する。股関節の回転も大きくなり、足関節の回旋もスムーズに行われる。

もちろん、実際の技の運用では膝の屈曲のみで敵を投げるのではなく、伸展、屈曲の組み合わせ、その組み合わせのリズムが必要である。さらに股関節、膝関節の動きに連動した足関節の屈曲、内旋、外旋の組み合わせが重要である。この技の運用が合気にて投げる、匠の技になるのである。

股関節と膝関節が伸展していると回れず、落とせない

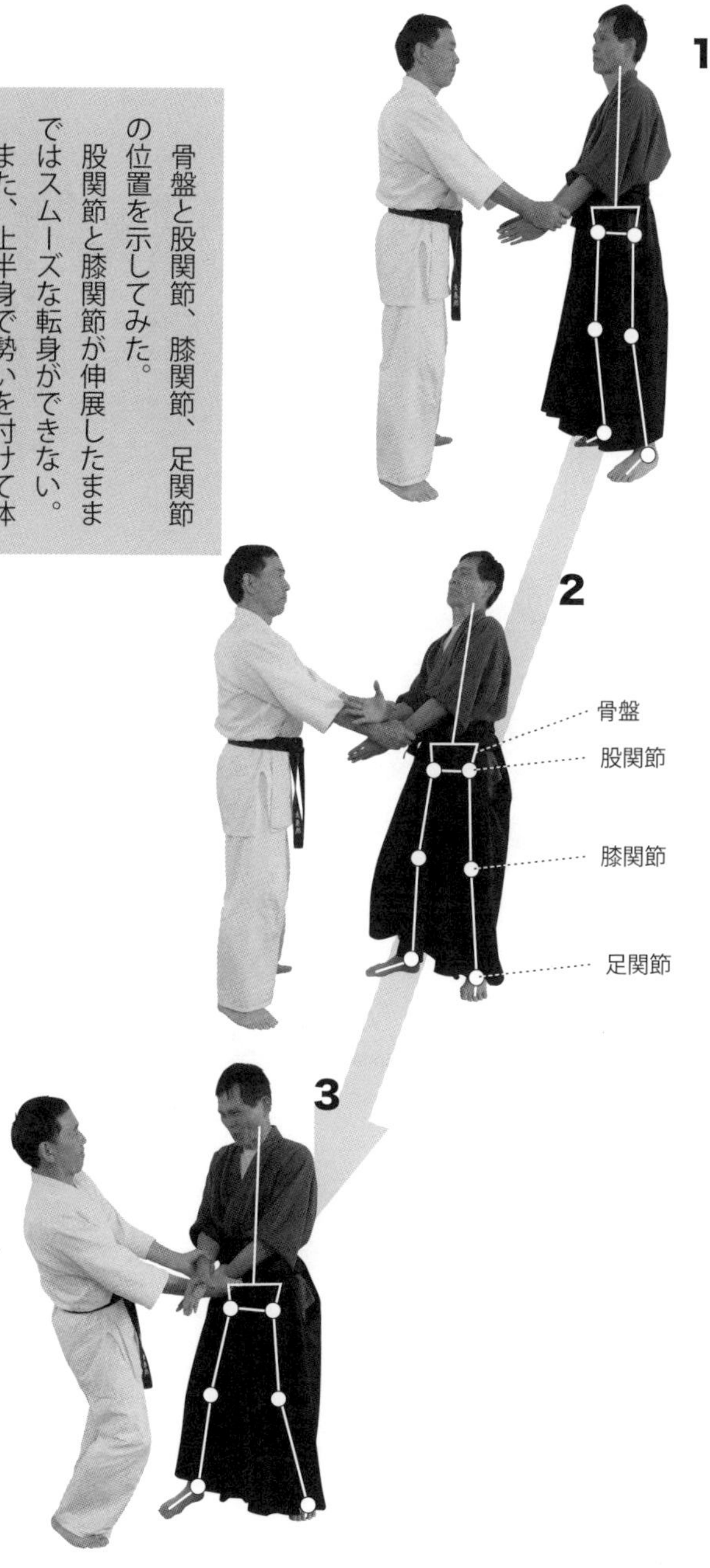

骨盤と股関節、膝関節、足関節の位置を示してみた。
股関節と膝関節が伸展したままではスムーズな転身ができない。
また、上半身で勢いを付けて体重を乗せようとしても、相手には耐えられてしまう。

へっぴり腰では回れない

股関節と膝関節が大きく屈曲した、へっぴり腰の場合も、回転しにくく、また前傾姿勢であるため、相手を引き込むことができない。

膝を曲げて回転する

膝関節を適切に曲げると、上体を立てたままスムーズに回転でき、また相手を引き込む力も強い。
膝関節の屈曲が、股関節の可動域を広げ、股関節の外旋を容易にするからである。

体重をかけるだけでは効かない

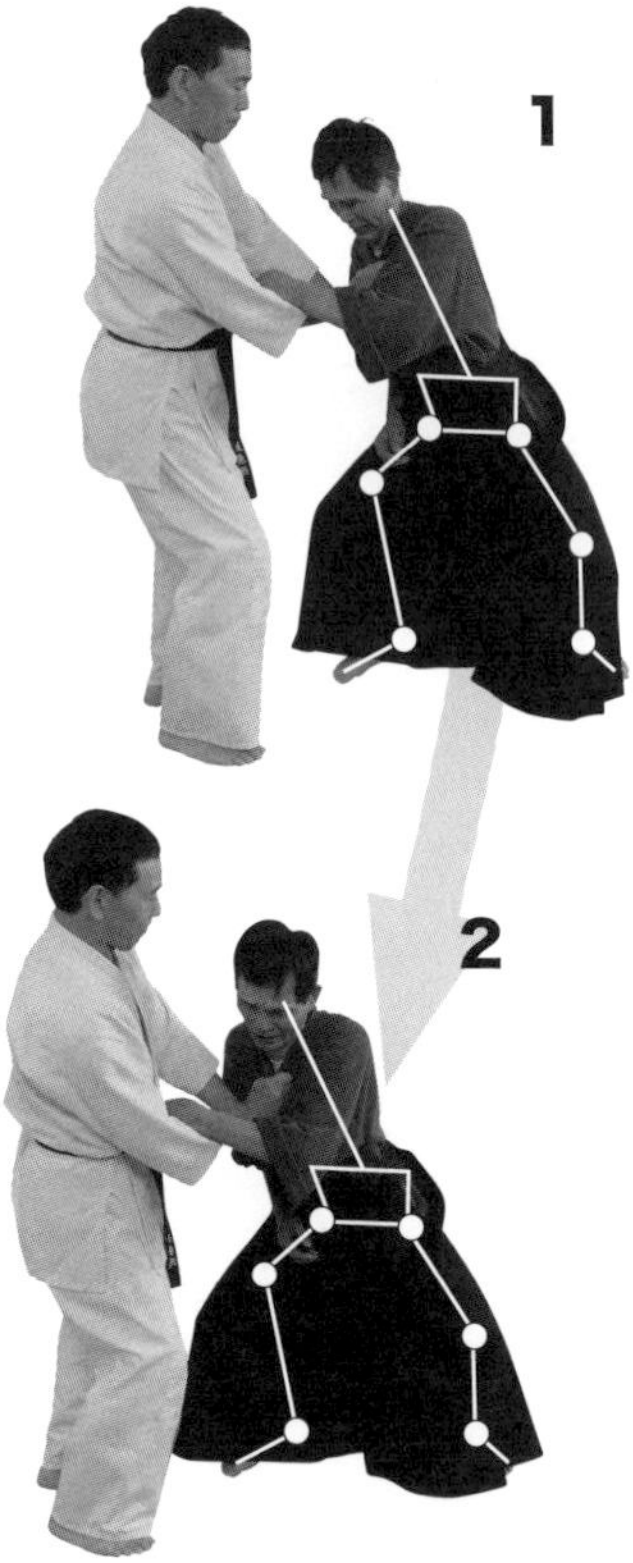

相手に両手で胸襟を取られた場合に、相手の右肘に手刀を置いて、左に転身して投げる技である。
　手刀で体重をかけ、前屈みになりながら腕を下げる力で投げようとしがちであるが、それでは腕一本で相手の体全体を投げようとするようなもの。当然、相手に受け止められてしまう。

膝を曲げて回転する

3つのポイントに注目してほしい。

①技の仕掛けの支点

相手の右肘に置いた手刀が技の支点となる（握らない）。上肢は自分に引き寄せる（脇を締める）。

②重心の下方への移動

重心は正中線上を下方に移動する。前後左右に移動するわけではない。

③膝関節の屈曲

股関節の外旋（大腿骨が外方に回旋する）は膝関節を屈曲させた方がスムーズに行える。股関節の運動範囲は、膝関節の伸展時より、屈曲時の方が約2倍に増大する。

これにより腰もスムーズに、大きく回る。

▼大東流の捌き

大東流の捌きは、逃げる、避けるためではなく、敵の攻撃（先）に対して反撃（後の先を取る）する捌きである。

捌きは解剖学・運動学的見地から便宜上、足捌き（股関節から足）と体捌き（頭部から体幹）に分けられる。

大東流の技法には、空手のような拳の突きや短刀による突きを想定したものがあるが、短刀による腹部の突きは生死に関わるものである。攻撃をかわして反撃するためには、瞬間的な身のこなしが必要である。

●足捌き

拳による突きや短刀の突きに対して、腹の皮一枚、スレスレに入身してかわす。後に下がったり、横に移動して身は守れず、技がかけられない。足捌きは敵の攻撃に対して、一歩前に出て行われ、それによって有効な反撃ができる。短刀の場合、いったん敵を泳がせて、短刀を持つ手首を取り、逆手を取って敵を押さえる。

●体捌き

体捌きは脊柱のねじれを利用する。

頭部や頸部、胸部の運動についてここまで触れてきたが、頭・頸と、体幹のねじれには一定のルールがある。

入身の時に、回旋の方向に頭（頸部）を傾けると、胸部のねじれが容易になり、さらに体幹がねじれやすくなる。肩を前に張って（肩を屈曲する）体幹をねじりながら、敵の腕に当てて捌くこともある。

捌きの効果を上げるには、頭から足の指先まで全身の動き、リズムが大切である。

●入身投げと捌き

２１２〜２１９頁に示したのは、敵の突きを入身でかわして投げる、大東流の捌きを用いた技法例である。

これらの技には、股関節と膝関節、足関節の運動が密接に関わっている。股関節から下の運動は基本的には歩行のリズムと同じである。違いは外旋、内旋の運動の大きさだけの違いである。

特に膝関節の屈筋である大腿二頭筋が大腿の外旋、膝関節に外旋応力つまり抵抗力を与える。膝関節、股関節の伸展、屈曲、回旋の組み合わせのリズムが、回旋応力を増大させ技をスムーズに仕掛けることができるのである。

正面突き入身肘落とし1

1

1

相手が正面から中段を右正拳で突いてくる。

2

3

2~3

取りは股関節をいったん伸展させ、上体を起こす。右足を支点として、左足の膝関節、足関節を屈曲し、内側に回して、相手の正拳をスレスレにかわす。

4

4~10

左足を支点として、股関節、膝関節を伸展させた後、左右の膝関節を屈曲させながら、右股関節を外に回す。この時、右手刀を相手の右肘に掛け、回転に巻き込むように投げる。

5

6

別角度

相手の突きをかわす際には、左腕で流す。すると、相手は前のめりに崩れ、体勢を戻そうとするのに乗じて、投げる。

正面突き入身肘落とし2

1〜7

正面から中段を右正拳で突いてくるのに対して、右手刀を体の前で回すことで、突きの受け流しとすくい上げを連続して行う。（別角度4'、6'、7'）股関節を伸展させて上体を起こしておくこと。

8～12 両膝を屈曲させて、右足を中心に左足を後に回し、体の向きを１８０度回転させる。この時、右手刀で相手の右腕を巻き込むようにして投げる。

別角度

投げた後は、右手刀を相手の右手首に掛け、引き上げるようにして、相手の体を横向きにして、右足も使って、相手の右腕を極める。

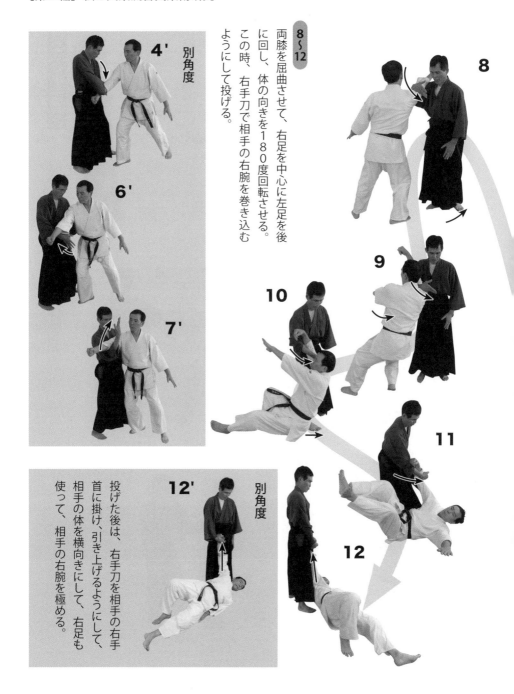

短刀突き小手返し

1~2

正面から中段を短刀で突いてくるのに対して、左手で流し、受けの体を泳がすようにして掴む。股関節を伸展させて上体を起こしておくこと。

1

2

2' 別角度

3

3' 別角度

3～4 相手の右手の甲に、右手を添えながら、両膝をわずかに屈曲して、左股関節を内に回す（上体が右に向く）。

5～6 右手で相手の手首を曲げて極める。相手の持った短刀の切っ先が上を向く。

次ページへ

7~8

右の股関節を内に回すことで、上体を左に向ける。この時、相手の右手首をさらに返して、肩越しに極める。相手は背中を反らせて体勢を崩し、相手の重心線は右足の外側に移動する。

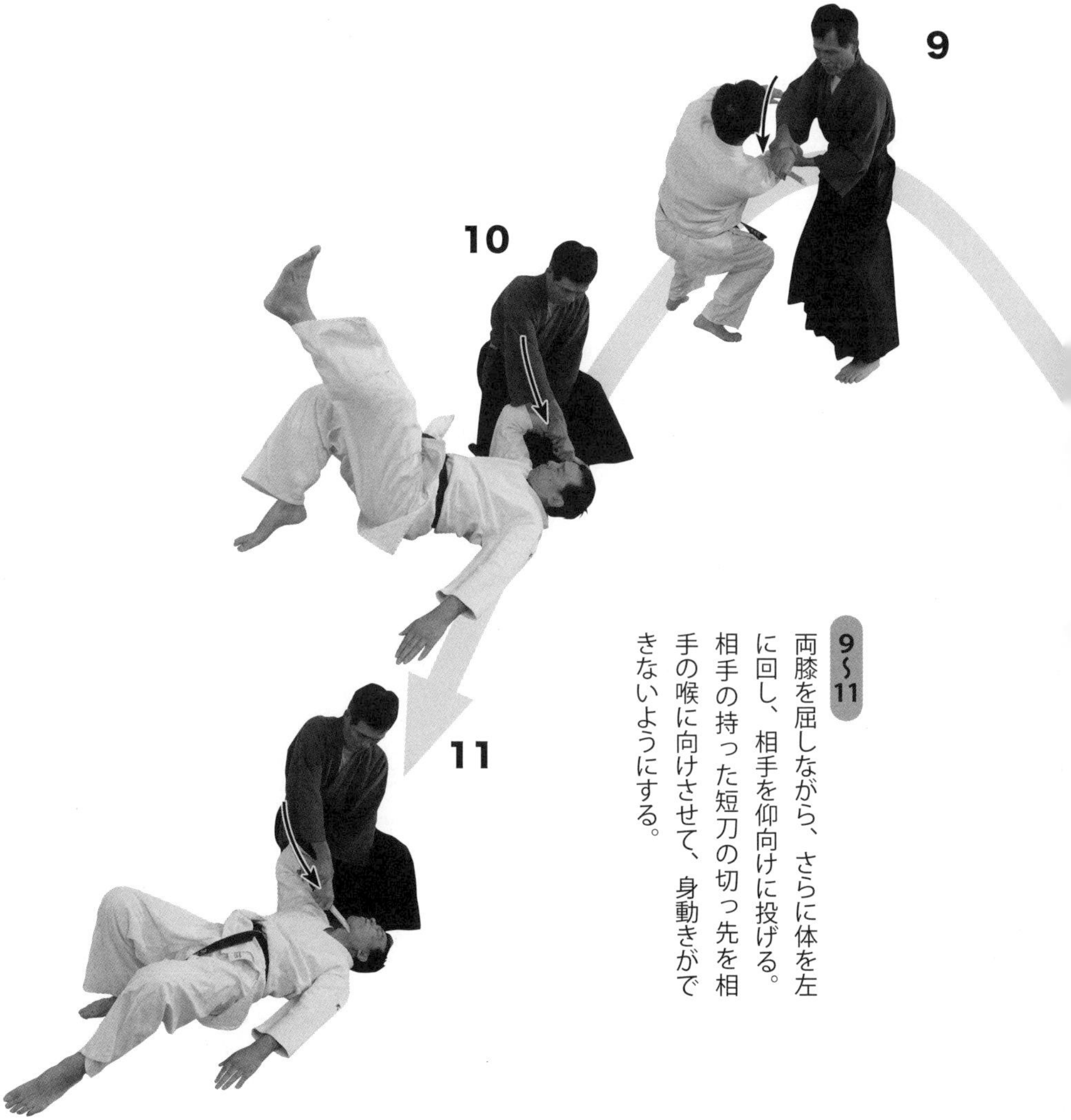

9〜11
両膝を屈しながら、さらに体を左に回し、相手を仰向けに投げる。相手の持った短刀の切っ先を相手の喉に向けさせて、身動きができないようにする。

第五章　大東流合気柔術の生理学的考察2
反射による崩し

▼岡本先生の合気と反射

　先にも記したが「紺野美沙子の科学館」というテレビ番組に岡本先生が登場した際に、合気の反射について考察する良い機会があったので、ここで再度紹介したい。

（岡本先生は座った状態で、その手首をレポーターがぐっと握る。岡本先生が握られた手をただ振り回す）

岡本先生「これでは効かないですね」（と技がかけられない様子を示す。その後、岡本先生がグッと力を入れる）

レポーター「先生がグッと押されたことで（私も）力を入れています」

岡本先生「その力をこちらにいただきたいんです」（とお話をしながら手首を返して、瞬間的に

レポーターを投げる）

レポーター「わ！　イテテテ！」（一瞬で投げられている）

この様子を観ていたタレント氏が、相手をいとも簡単に投げる岡本先生を見て、

「技をかけられた瞬間に手を離せばいいのでは？」

「なんで投げられるまで手を離さない？」

と話していたが、ここに合気の妙である〝反射による崩し〟がある。

番組では大学の教授がこの現象を説明するために、腕を握られた側、握った側がどのような反応をするかを両者の腕に筋電計を繋いで計測をすることになった。

腕を握られた側が力を入れると、握った側の筋電図のモニターにも力を入れたことを示す波形が出現する。

すると教授は、「これは誰でも持っている防衛反応であり、逃避反射とも言います」と説明した。

次にレポーターを被験者にして、人が何かを検知し、それに対して反応（全身反射）する時間を計測することになった。レポーターの反応時間は０．３３２秒で、説明によると成人男子の平均反応時間は０．３秒であることから、「平均的である」と説明していた。

次に岡本先生が相手を崩して技をかける時間を計測したところ、その時間は０．２秒。つまり防衛反応（逃避反応）を起こす前に投げられていることが分かった。

これが、「なんで投げられるまで手を離さない？」の答えである。

キーワードは、逃避反射と姿勢反射である。

逃避反射は侵害刺激が加わった時に起きる、一種の生体防御反応である。

例えば、熱い鍋を触った時には、やけどで組織の損傷を引き起こすことを防ぐために、手を素早く引っ込める（腕を曲げて体幹に近づける）。画鋲を踏んだ時には、疼痛を引き起こすことで、とっさに足を上げる（膝を曲げて足を引き上げる）。こうした侵害刺激に対して手足を曲げる（屈曲する）反射を屈曲反射と言う。

生体防御反応とは侵害刺激に対する反射であり、反射的に手を引っ込めたり、足を上げたりする行動は、脳に侵害刺激に関する情報が届く前に起こっている。このために脊髄反射と言われている。

●相手の逃避反射を利用する

武術の場合、攻撃と防御は一体であり、ここに敵の逃避反射を利用する。

岡本先生が「ただ振り回すのでは技は効きません。その力をいただきたいんです」と仰ったことを思い返してほしい。

相手が手首を掴んだ時、力を入れるという刺激を加えると、反射的に相手は強く握り返してしまう。その瞬間が、崩し、投げ技を仕掛けるタイミングである。

しかし、この場合の刺激で重要なのは、組織に損傷を引き起こすほどの強い侵害刺激ではないことだ。組織の損傷を引き起こすほどの強い刺激では思わず手を離してしまい、これでは技にならないのだ。

握った相手に力を入れるという刺激は、熱いとか、痛いとか強い侵害刺激ではない。例えるなら、急な岩場で鎖に捕まって登っている時に、足が滑った瞬間に思わず鎖を握り締めてしまう反応である。

これを自分で試す方法を紹介する。

まず、自分の右手首を左手で掴み、ワンテンポおいて掴まれた右手首を回す。すると、左手には右手が回っている感覚はあるが、他に刺激はないだろう。

次に、掴まれた右手を軽く握り、手に付いた水を払うように、パッと指を伸ばす。すると、握った左手は、右手の指が伸びた瞬間に刺激を感じて掴み返すだろう。

実際に誰かに自分の手首を掴んでもらい、同じ方法を試してみてもよいだろう。相手が掴んだ手に力（刺激）を感じた瞬間、防衛反応により腕に力が入れば、技の仕掛けは可能になる。

本書ではすでに、相手の腕を制御するための解剖学的な解説をしたが（174頁）。これにこの、〝反射によって掴み返させる〟という反応を引き出せれば、手首、肘、肩関節がロックするため、相手の体勢を崩すことができる。

もちろん、この防衛反応を引き起こす刺激の加え方は非常に難しい。防衛反応を起こさせるには、ほんの一瞬の刺激であることが重要で、さらに相手が逃げる前に技を仕掛けるスピードが必要だからだ。自分自身が大きく動いたり、敵を大きく動かしても、この逃避反射を呼び起こすことは難しいだろう。

そこで目指すのは、逆関節をがっちり極めて痛めつける柔術技ではなく、合気柔術である。そして技の原点となる、この掴み返させる刺激を与える技術がなければ合気柔術の技は使えない。

しかし一旦腕でこれができるようになれば、五体のどこを掴まれても、胴着を掴まれても、あるいは杖などを用いても同様に行えるだろう。どこを掴まれたとしても、受けに力を加え、受けが力を入れて押しとどめたり、押し返したりするような防御反応を起こさせられるのである。

なお、侵害刺激に対する防御反応を引き起こさせる最も簡単な方法は、目つぶしだろう。素早く相手の目を手刀や手の甲で叩くことで、敵は頭を後屈させ、眼も一瞬瞑ってしまう。

ただ仮にこれにより逃避反射を引き起こさせても、投げに繋げるためには別な要因、技術が必要であることは言うまでもないだろう。

防御反応を捉えて、崩す

掴まれた手を突き出しながら、手に付いた水を払うように、パッと指を伸ばす。適切な刺激を与えられ、かつ相手の防御反応が起きるタイミングを捉え、さらに相手の腕の構造にかなった角度で行えれば、相手の体勢を崩すことができる。

1

2

防御反応を引き出せず、崩せない

相手の防御反応を起こさせなければ、いくら素早く手を前後させても、相手の体勢は崩れない。

1

2

▼大東流合気柔術の技の運用における姿勢反射

●人体の姿勢保持機構

先ほどの逃避反射と並んでもう一つ重要な反射がある。それが姿勢反射である。大東流合柔術と反射との関係を考察する時、逃避反射よりも姿勢反射の方が重要であるとも言える。

人体は様々な姿勢の変化に対して、無意識に自動的に運動の目的に合うように制御されている。例えば、坂道を登る時は前傾姿勢をとり、坂道を下る時は後傾姿勢をとる。左右どちらかに体幹が傾けば元に戻そうとする。体の位置、姿勢、運動において平衡すなわち安定な状態を保つためのこうした反射が、姿勢反射である。

この姿勢反射の仕組みにおいて、頸の曲げ具合や回転の程度は重要な要素である。これらの要素が上肢、下肢、体幹の動きと重要な影響を与えるためである。

合気柔術の技の運用を研究していると、姿勢反射の仕組みを巧みに利用していることに気がつく。そのキーワードは、頸と頭である。

姿勢反射として知られているものはいくもあるが、本書では、合気柔術に深く関わる反射として、２つ紹介する。

頸部から起こり体幹に働く立ち直り反射

頭の回転する方向に、体幹がねじれる反射があることは既に紹介してある。

他動的に左右どちらかに頭部を回転させると、頸部に加わる非対称的な力により頸部の筋の自己受容器が刺激され、胸部、腰部、下肢の順に回旋するのである。

下肢帯の他動的な回旋では、逆の運動が起こる（体からの立ち直り反射）。

その結果、体幹と頭部が正しい位置に並ぶのである。

大東流合気柔術では頭を他動的に回旋させるため、この反射が投げに関わる重要な反射である。

汎在性平衡反射

静的姿勢制御の反射で、全身に関与する反射を汎在性平衡反射という。

大東流合気柔術に深く関与する姿勢反射であり、次の二種類がある。

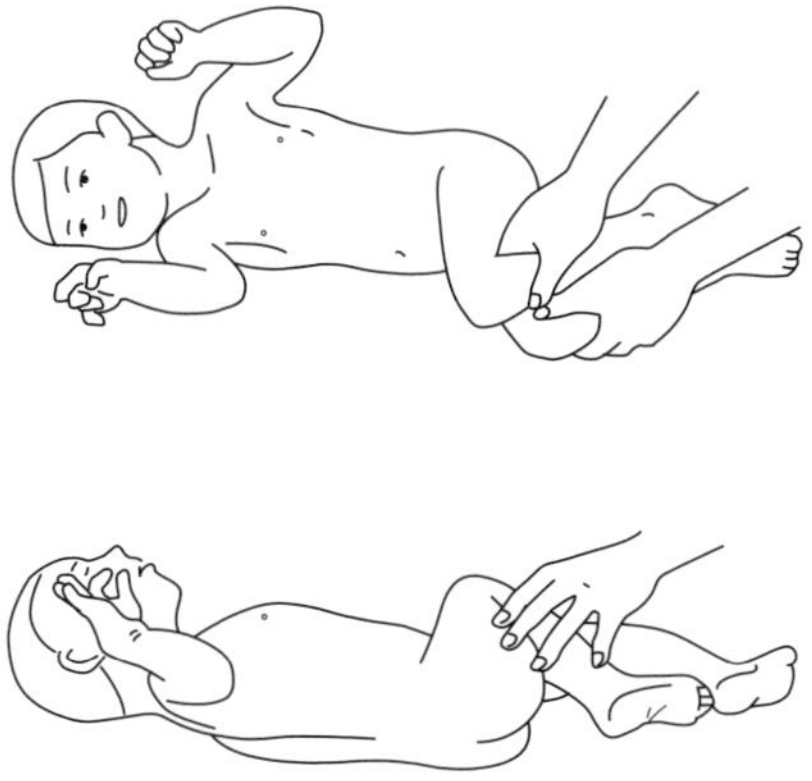

体からの立ち直り反射

下肢帯を他動的に回旋すると、
体幹が次第にねじれてくる。

a）対称性緊張性頸反射

頸部の前屈・後屈で起きる反射で、上下肢で屈曲・伸展が左右対照的に起こる。

頭部を他動的に伸展（後屈）すると、両上肢は伸展、両下肢は屈曲する。頸部の屈曲（前屈）では、逆の反応を起こす。

b）非対称性緊張性頸反射

頸部の回旋・側屈で起こる反射で、上下肢で屈曲・伸展が非対称的におこる。

頭部体幹に対して他動的に回旋すると、四肢にフェンシング姿勢、つまり顔面側の上下肢は伸展、後頭側は屈曲するような姿勢になる。これを非対称緊張性頸反射という。頸部を側屈しても同様な反応が起こる。

サルにおける緊張性頸反射による姿勢の変化

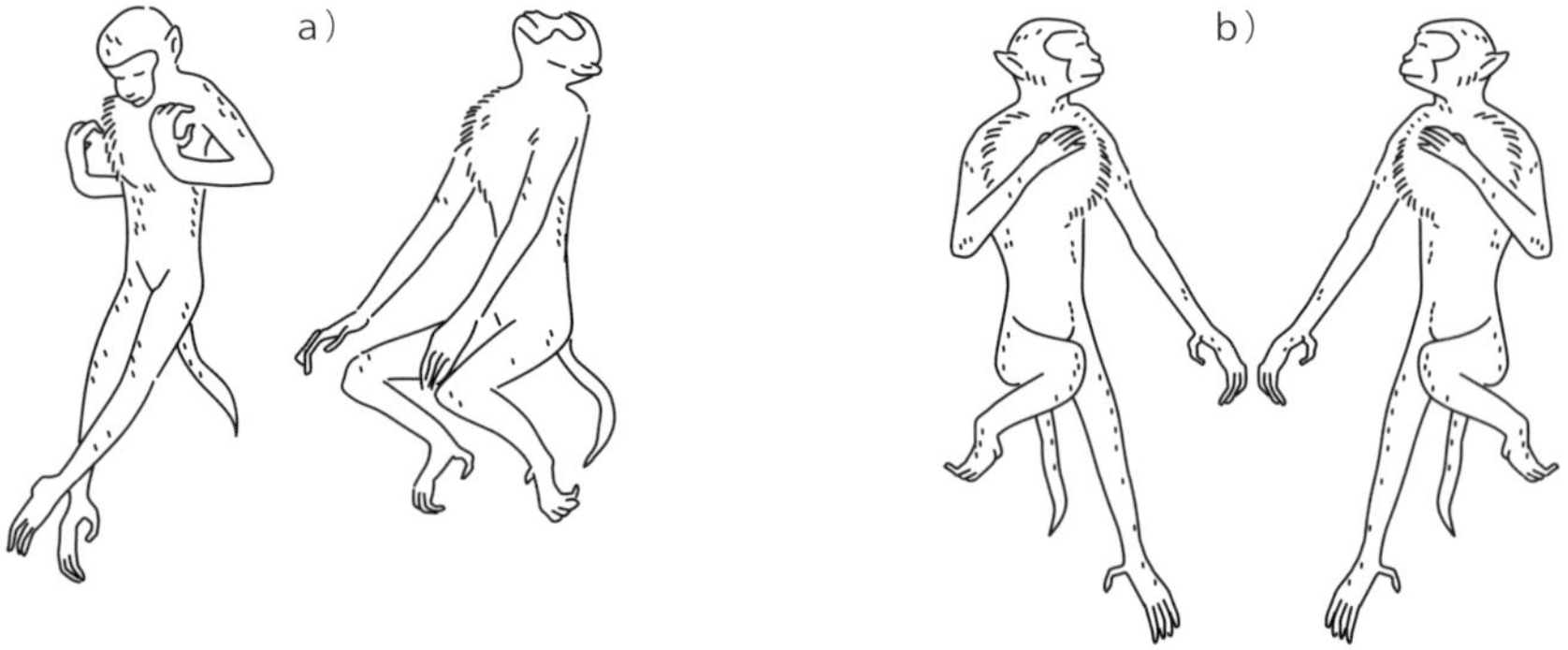

腰部の前屈で前肢は屈曲、後肢は伸展する。
頭部の後屈で前肢は伸展、後肢は屈曲する。
（対称性緊張頸反射）

腰部の回転による変化で、顔の向いたほうの前後肢は伸展し、後頭部の向いたほうの前後肢は屈曲する（非対称性緊張性頸反射）

大東流合気柔術の技の仕掛けを説明する時、「相手の喉を攻めるように」、「相手の喉に刺すがごとく」あるいは「相手の喉に刺したまま……」と言うことがある。これが頸反射を呼び起こすのである。

大東流合気柔術の基本中の基本である合気上げ、合気下げは、頸反射と深く関わっている。合気上げが入った瞬間、頸部の後屈が起こり、前肢は伸展、後肢は屈曲する。この瞬間の姿勢は、対称性緊張性頸反射の姿勢に他ならない。頭部の後屈により重心は前と上に移動する。さらに踵が上がることにより不安定さが増す。前肢の伸展により力を伝え易くなり、頭の回転が胸部、腰部、下肢の回転を呼び起こす。すなわち容易に投げることが可能になるのである。

合気下げも同様である。合気下げにより頸部を前屈させると、後脚の伸展が起きる。この状態も対称性緊張性頸反射に他ならない。

投げの場合、相手の頭部の回転が重要な意味を持つ。頭部の回転は、体幹のねじれに影響を及ぼす。姿勢反射の一つ、頸部から起こり体幹に働く立ち直り反射である。これらの反射を引き起こして利用すれば、無理に力で引くことなく、楽に投げる事が可能になる。

なお、頸反射や立ち直り反射については、幼少期にのみ現れる原始反射であると説明されることがあり、これは成長するに従って反射を抑制する能力が働くようになるためであるが、反射は人間の潜在的な反応として備わっているものであるため、巧みにきっかけを与えることで原始反射を呼び起こせるのではないかと推測している。

両手開き攻め

1～4 正面から両手を掴んでくるのに対して、合気上げをする。

5〜8 掴まれたままの両手で、相手の腰を挟むように合気下げをして、仰向けに倒す。

写真5、6は、前肢は伸展、後肢は屈曲している。すなわち緊張性頸反射の姿勢変化が起きていることがわかる。

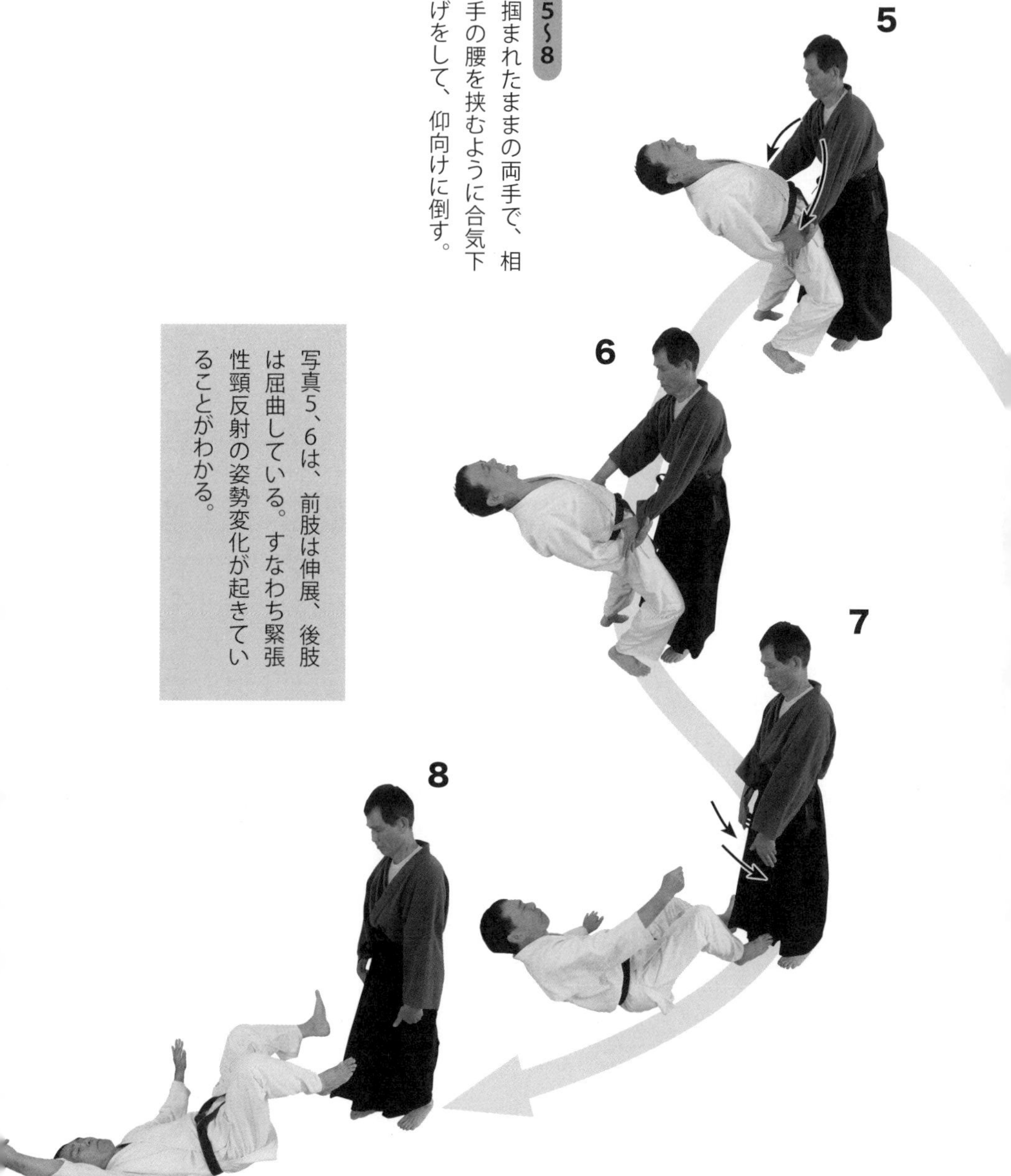

▼大東流合気柔術に関わる、平行感覚を司る生理学的仕組みと反射

平衡感覚は、重力の変化や直線運動、回転運動の加速度を感じ取る感覚であり、体や頭部の空間位置や運動の知覚に重要な働きをしており、これにより我々は常に体を安定させることができている。また平衡感覚は皮膚感覚、深部感覚、視覚と関係するが、特に内耳の前庭器と三半規管が重要である。側頭骨には、リンパ液で満たされた迷路があり、蝸牛部、前庭器及び半規管に区別され、前庭器及び半規管内部は、重力の変化や直線運動の加速度の変化を感じる。

三半規管は、三つの半規管がほぼ垂直の三次元構造をとり、回転速度を三つの方向成分に分けて受容し、頭がどのような速さで、どの方向に動いたかを感じる仕組みになっている。ジェットコースターを降りた後もしばらくグルグル回ったような感覚が続きフラフラするのは、急激なスピードの変化や回転により、三半規管内のリンパ液が揺れ動かされているためだ。

こうした平衡感覚に関する仕組みは、大東流合気柔術と技と密接な関係にあると思われる。そこでここでは平衡感覚に関係する姿勢反射について、参考までに列挙しておく。

・**局《きょく》在《ざい》性《せい》平《へい》衡《こう》反《はん》射《しゃ》**：刺激を加えた一側後肢に現れる反射など、体の一部に起こる反応をいう。立位の姿勢制御で足底が地面に触れている時、足底の皮膚の触覚、圧覚の受容

器に興奮が生じ、坑重力筋を同時に収縮することによって関節の固定がされ、その肢の持続的な伸展が起きる。

・体節性平衡反射：両足後肢に現れる反射など、体節全体、他両側に起こる反応を体節性平衡反射という。痛み等の侵害に対する交叉性反射は体節性平衡反射であり、伸展反射と屈曲反射、つまり伸筋と屈筋の反射である。交叉性伸展反射は片足で体重を支えて刺激から体を遠ざけるような動きとして現れる。

・緊張性迷路反射：空間における頭の位置の、重力との関係の変化によって起こる反射。耳石器を受容器とするもので、仰向けで顔が上を向くと上肢下肢は伸展する。逆にうつ伏せで顔が下を向くと上肢下肢は屈曲する。

・頭部を正しい位置にする立ち直り反射：

内耳の前庭迷路によって重力方向の変化情報を受け取り、体幹の空間位置に関係なく、常に頭部を正しい位置に保つ反射。目隠しをしても前庭迷路からの反射が働いて頸部は正しい位置になる。

・体表に加わる刺激から起こり頭部、体幹、四肢に作用する立ち直り反射：

体幹の皮膚刺激によって起こる立ち直り反射。体幹皮膚の刺激の非対称により、床についた側の四肢を伸展し、反対側の四肢の屈曲姿勢をとる。

・**眼から起こり頭部に作用する立ち直り反射**：
体幹が傾いた時、眼からの視覚情報から、頭部を正しい位置にするように働く。
・**踏み直り反射**：視覚による踏み直り反応と皮膚感覚刺激による踏み直り反射がある。
・**跳び直り反応**：片足で立っている状態で、重心がずれるように水平方向に外力を加えると、重心点に同じ足で跳ぶ反応。
・**足踏み反応**　：体を素早く側方にずらし、重心位置を水平方向に変化させると、ずらされた側の足を踏み出して体を保持する。
・**機能的長潜時伸張反応**：
意図した運動や姿勢を乱す外力が加わった時に、外力に抵抗して意図した運動や姿勢を保持する姿勢反応。

▼柏手手首返の生理学的観点からの考察

柏手は大東流のベーシックな技法であり、柏手の技法のベースは合気上げである。176頁に掲載した柏手手首返を反射の観点から順番に考察してみよう。

まず、柏手を打つ。すると敵の頸は後屈する。

次に、手首を返す。左手を下にして、右手が上に来る。相手の頸が（こちらから見て）右に回転する。

この回転を止めることなく、上の右手で攻めながら、今度は右手が下で、左手が上に来るように手首を返すと、相手の頸が（こちらから見て）左方向に回転する。

そして、返した手を自分の体幹に引き寄せると、相手の胸部、体幹、腰がねじれ、投げることができる。

こうして動きをなぞると、大東流合気柔術が姿勢反射を巧みに利用していることがわかる。

次に紹介する2つの例は、どちらも片手で合気上げ、合気下げをする技法である。いずれも柏手をした時のように頸の後屈が起き、後に自力では姿勢が保てない状態に導いていることが分かるだろう。

外手掴み

1~2 相手が右手で、こちらの右手を掴んでくる。

3~5 合気上げをする。頸が強く後屈していることに注目してほしい。ポイントは、掴まれた手の指を「水を払うように」開くことと、腕の構造を利用して、力が逃げないようにすることである。

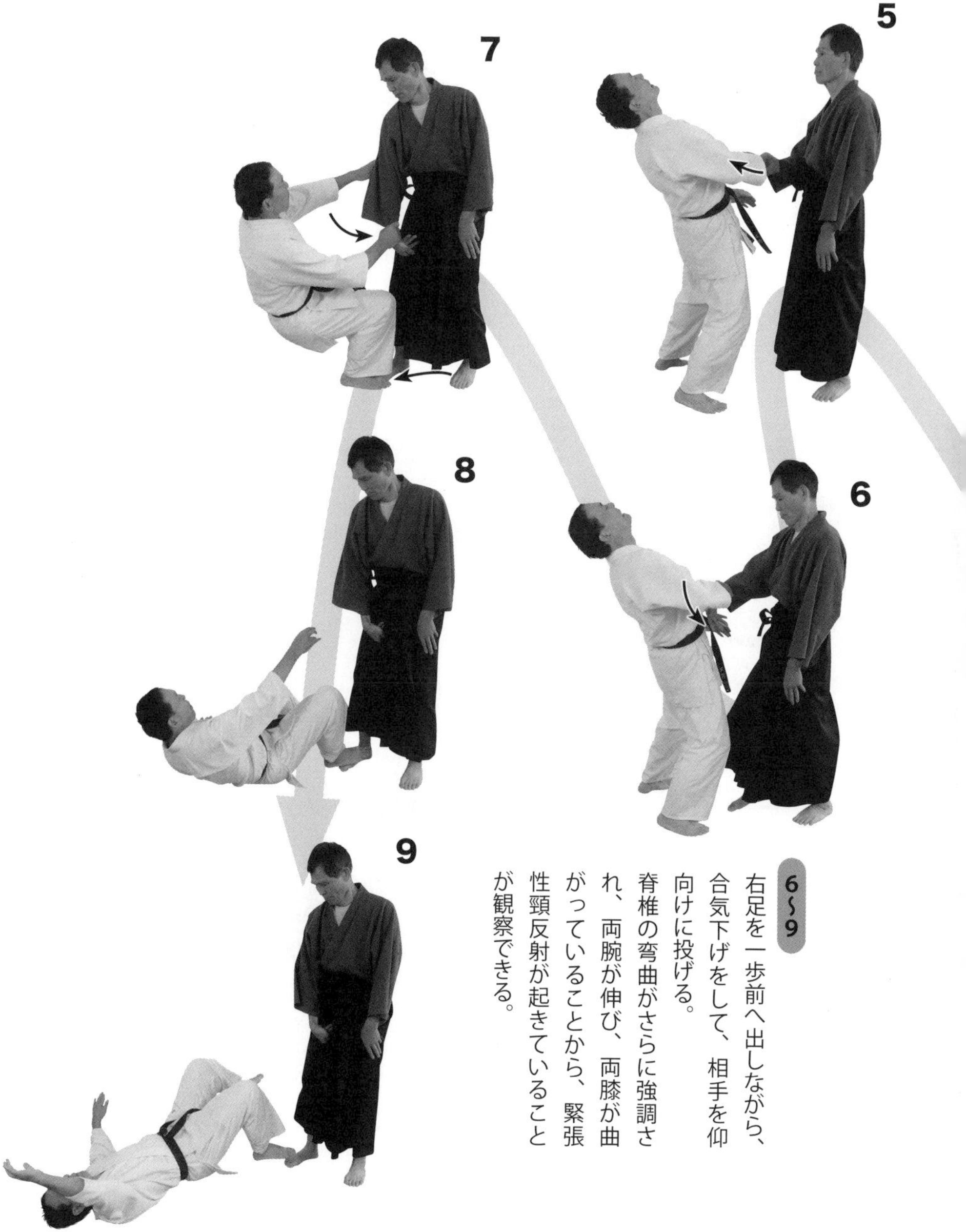

6～9

右足を一歩前へ出しながら、合気下げをして、相手を仰向けに投げる。

脊椎の彎曲がさらに強調され、両腕が伸び、両膝が曲がっていることから、緊張性頸反射が起きていることが観察できる。

内手掴み

1~2 相手が右手で、こちらの左手を掴んでくる。

3~5 合気上げをする。頸が強く後屈している。

6〜9

左足を一歩前へ出しながら、合気下げをして、相手を仰向けに投げる。大きく仰け反った状態の相手は、自分の体が両足で支えられなくなった瞬間に自ら落ちる。

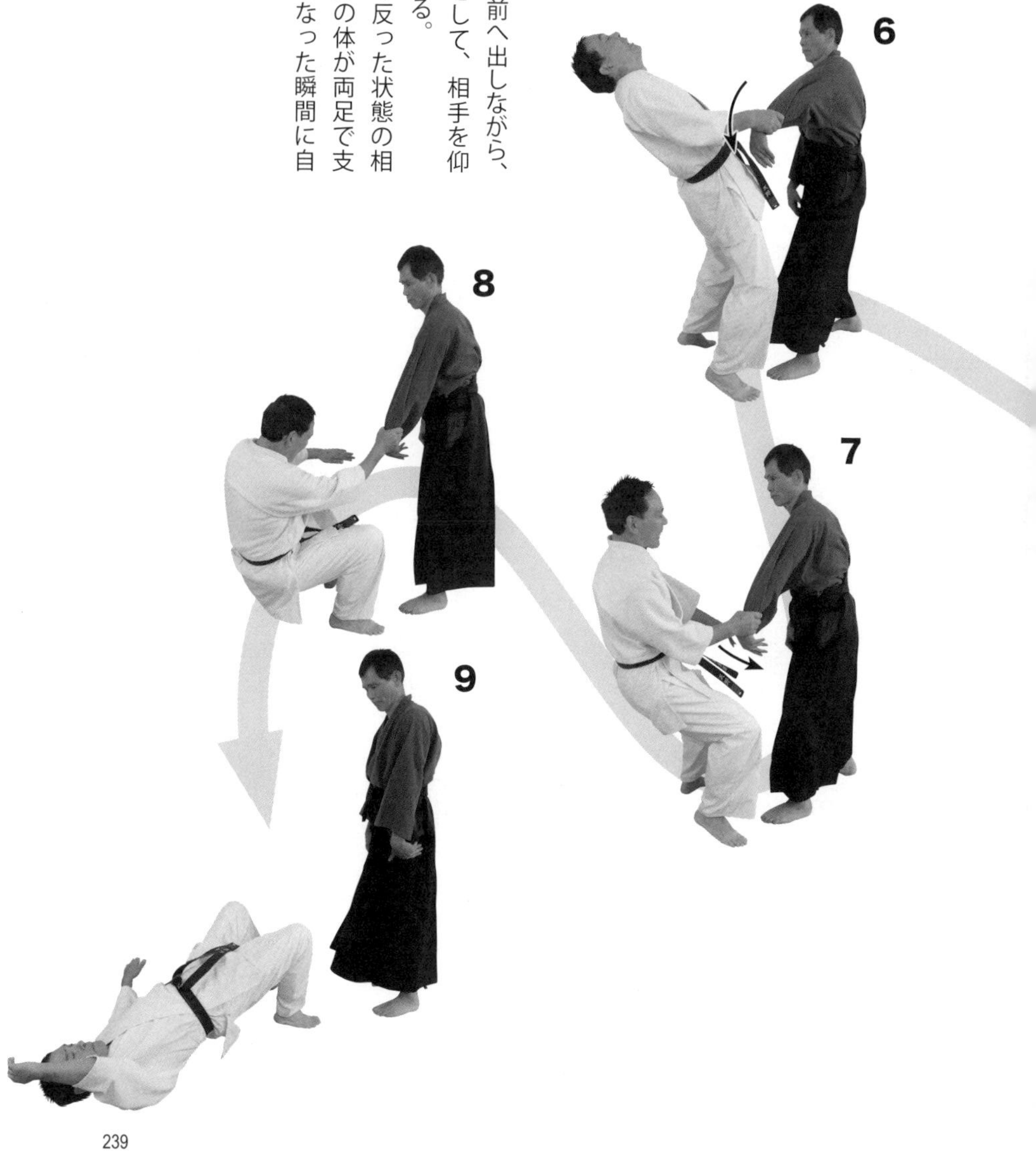

第六章　大東流合気柔術の生理学的考察２
呼吸法

▼仕掛ける呼吸、同化する呼吸

大東流合気柔術の呼吸法について考えてみたい。

長年修行していると、技を仕掛けている時には意識して呼吸しないものだ。だが、技を仕掛ける時の呼吸の流れやリズムを考えることや、受けの立場になって呼吸を再現することなど、改めて呼吸について考察することで、誰にでも発見があるだろう。

〝呼吸力〟という言葉を使う流派があるが、ここで扱う呼吸はあくまで空気を吸う吐くの生理学的な問題であり、胸郭（肋骨、胸骨、脊柱、横隔膜）の運動、呼吸運動である。また、武術においては「呼吸を盗む」と表現されることがある。とは言え、相手の呼吸に自分が合わせるのは至難の業である。しかし、技がスムーズに、リズミカルに投げらた時、経験から相手の呼吸はこちらに同化していると実感できる。これを「呼吸を盗む」と表現しているとも考えられる。

まず、呼吸運動に関する生理学的な説明から始めよう。

呼吸には、胸式呼吸と腹式呼吸があるが、実際には両者の複合によって行われている。

吸気によって取り込まれた空気中の酸素は、左右の肺で血液に取り込まれる。

肺は胸郭（肋骨、胸骨、脊柱で構成）で囲まれ、肺の外より陰圧（空気圧が低い）になっている。また呼吸は、腹筋や横隔膜、内外肋間筋、胸壁の筋肉群、首の斜角筋、胸鎖乳突筋など、多くの筋肉が働くことで行われている。

息を吸う時は、外肋間筋により肋骨が押し上げられ、胸郭も広がる。また、横隔膜が下がることにより陰圧が高まり、肺が膨らんで空気が入り込む。

胸郭の拡張・収縮と呼吸

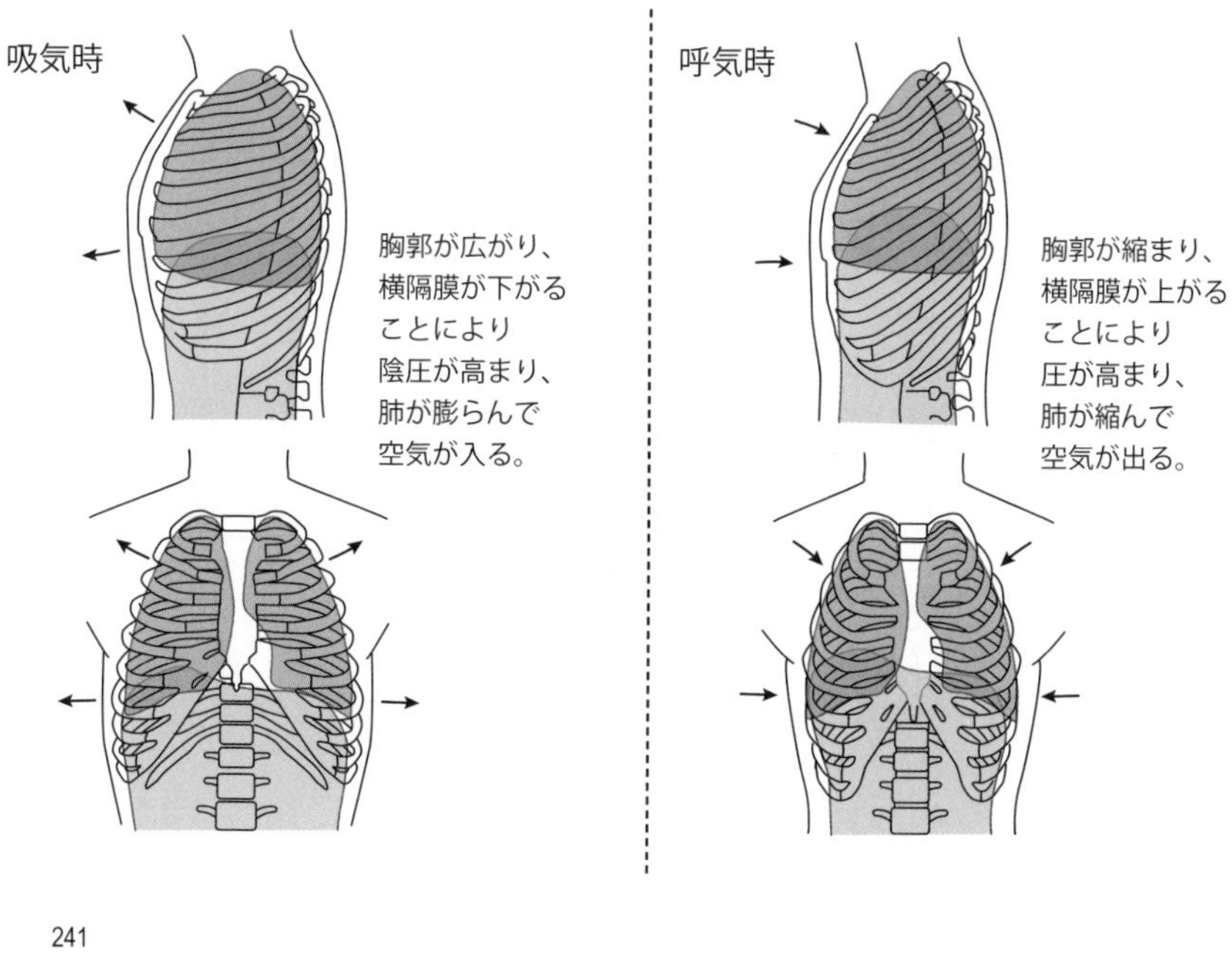
吸気時
胸郭が広がり、
横隔膜が下がる
ことにより
陰圧が高まり、
肺が膨らんで
空気が入る。
呼気時
胸郭が縮まり、
横隔膜が上がる
ことにより
圧が高まり、
肺が縮んで
空気が出る。

息を吐く時は、内肋間筋が収縮して肋骨が引き下げられ、横隔膜が上がる。その結果、胸郭の容積が減るため、肺から空気が抜けていく。

こうした仕組みは、ヘーリングの模型を見ると理解しやすい。ヘーリングの模型では、下に張ったゴム膜が横隔膜に相当する。その膜を下に引っ張ると胸郭に相当する瓶の内圧が外圧より下がり、空気が流入して肺に相当する風船を膨らませる。これが吸気である。

そして、ゴム膜を元に戻すと、瓶の内圧が上昇するのでゴム風船は縮み、空気は外に出る。これが呼気である。

ヘーリングの模型

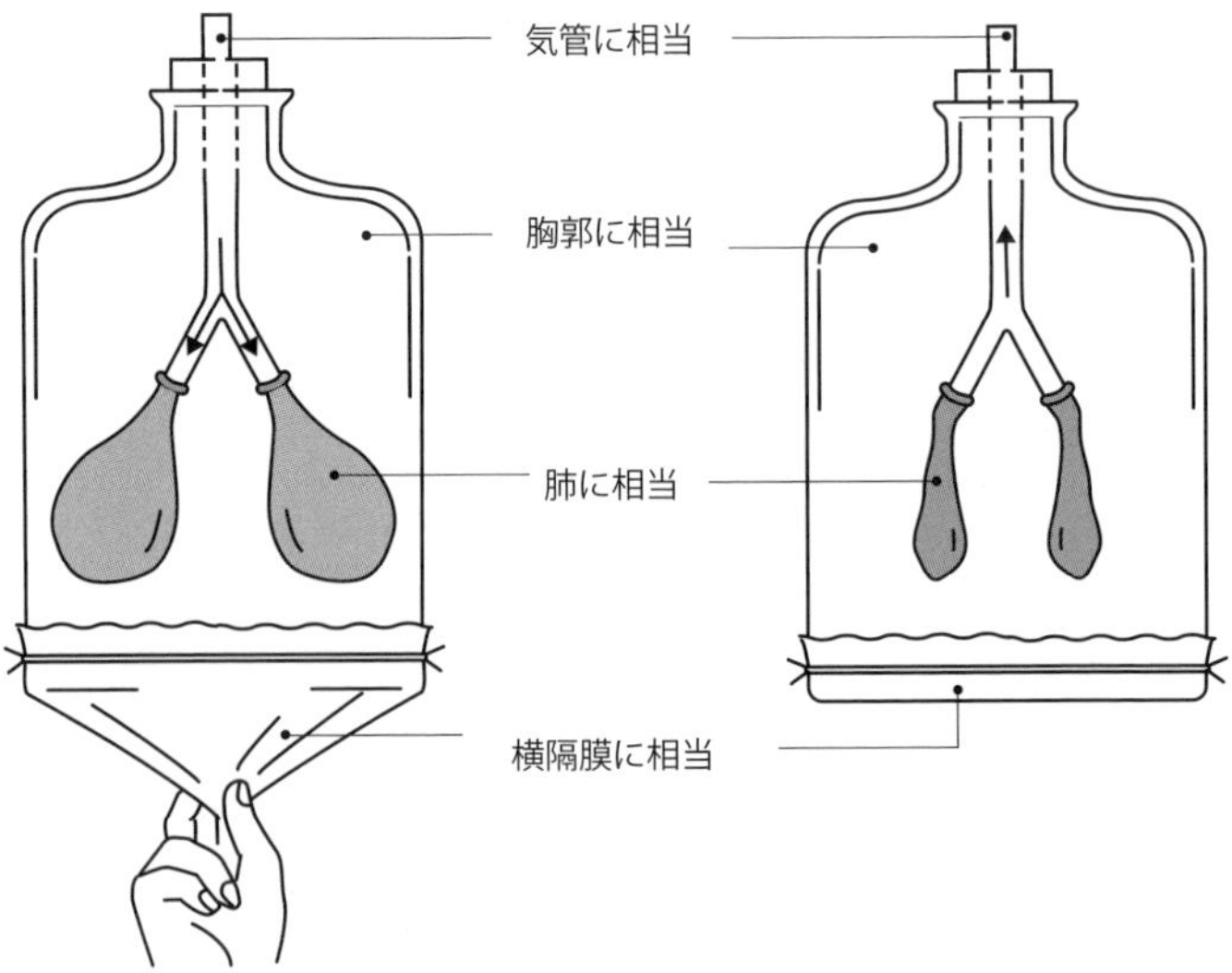

▼お腹をへこませる腹式呼吸

だいぶ前のことになるが、著者は病院で肝臓の診察をするために腹部のエコー検査を受けたことがある。その時、技師の方に「お腹で大きく息をしてください」と言われた。著者が大きく息を吸うと、技師の方は「もう一度、大きく息をしてください」と言う。筆者はまた大きく息を吸い込む、すると、「違います！　お腹を大きく膨らませてください」と少し怒ったような口調で言われてしまった。

筆者は「お腹で大きく息をしてください」と言われて、お腹をへこませて大きく息を吸っていたのだ。実は筆者は技を掛ける時、お腹をへこまして息を吸っている。この呼吸法だと腹圧が上昇し、上方に力を及ぼす「ピストン効果」を生むからだ。また動きの支点となる椎間板も腹圧で保護され、背筋の負担が大幅に軽減される。このため、筆者にとっての「お腹で息を吸う」とは、腹を膨らませて息を吸う一般的な腹式呼吸とは逆になっていた。だから、エコー検査で、「お腹で大きく息をしてください」と言われた時、自然と大東流の呼吸をしてしまい、技師の方に怒られてしまったというわけである。

お腹をへこませる腹式呼吸とは、呼吸運動から表現すると、いわゆる強制呼気であり、「腹圧を高める」呼吸法である。

この呼吸法では、大きな吸気をすると、体幹を伸ばすことになる。つまり、脊柱は上方向に伸展する方向に動く。これをピストン効果と呼ぶ。この効果が、大東流合気柔術の技の運用において重要になる。

腹圧を高める強制呼気では、腹部の最も深いところにある腹横筋が重要だ。腹部をコルセットのように覆う腹横筋は腹圧を高める役割を担い、体を安定させて動く際にも重要だ。腹横筋の他、内肋間筋があり、他の腹筋が共同して働く。

一方、一般的に「腹式呼吸」と言われている、お腹を大きく膨らませる呼吸については、筆者自身は重心が前方に移動し不安定になるだけでなく、腰椎、特に第四、第五腰椎に大きな負荷がかかると感じている。

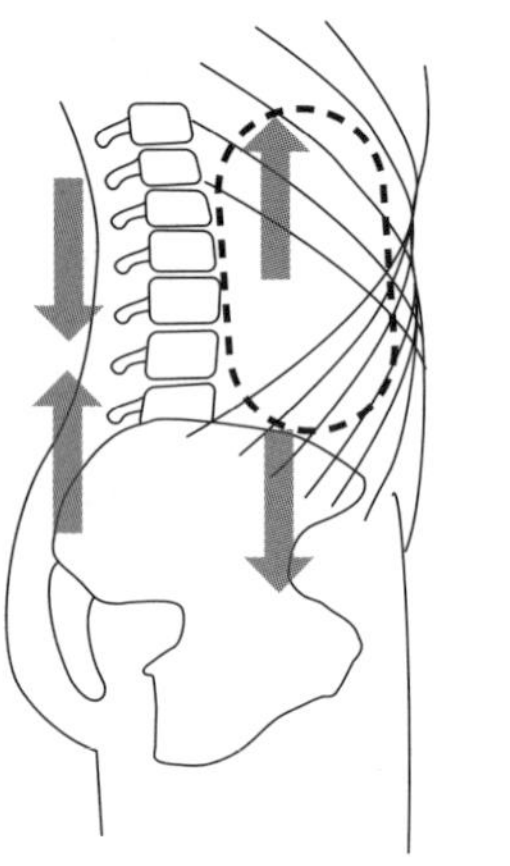

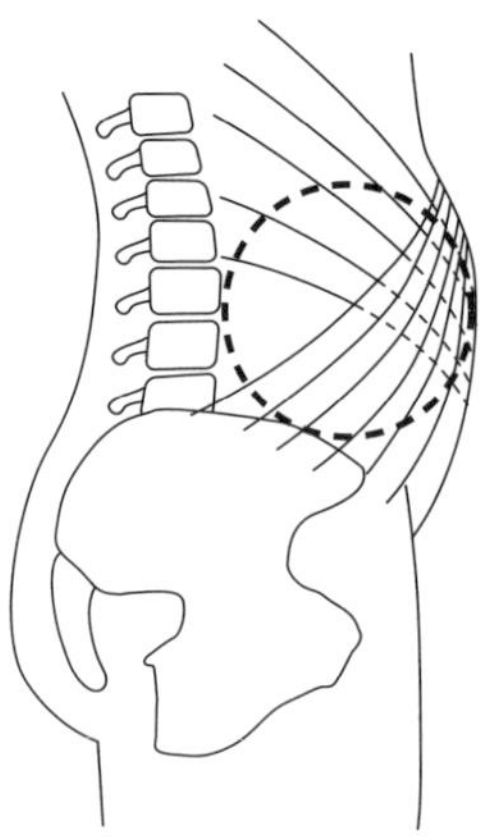

▼大東流合気柔術技の運用における呼吸

大相撲の横綱・北の湖が「相撲は辛抱、相手が息を吐いた時が勝負」と相撲の呼吸法について、話していたのを聞いたことがある。おそらく辛抱が必要な場面というのは、がっちり組んだ時だろう。

大東流では、投げや固めなど、技を仕掛けるのは、相手が息を吐いた時である。正確に言えば、相手に息を吐かせて仕掛けるのである。こちらの呼吸に相手を同化させる。これを「呼吸を盗む」と言うのだと筆者は考えている。

後の先を取る場合でも、先を取る場合でも、技を仕掛ける主体は我が身である。呼吸も自分自身が主である。相手に合わせてしまえば、逆に敵に飲み込まれてしまうだろう。

では、どのように相手の呼吸を同化させるのかと言えば、「反射の章」で述べた内容が関わってくる。大東流合気柔術の基本である合気上げや柏手においては、頸椎を前後左右に曲げたり、回したりすることで、姿勢反射を引き出すという説明をした。

呼吸において注目してほしいのは、合気が入って頸椎が後屈した瞬間である。自分が投げられる際のことを思い出してもらえれば分かるが、合気が入って頸椎が後屈している際、息を吸っているはずだ。そして、頸椎の後屈が最大になった瞬間、息が止まる。そして、相手が息を吐く時が、技を仕掛ける瞬間になる。
これが、相手の呼吸を盗み、同化させる流れである。

●ピストン効果を用いた技法

正拳で中段を突いてきた相手を捌いて投げる技を例に、自分の呼吸と動作について具体的に説明しよう（247〜248頁〔212〜213頁でも同じ技を例として挙げているが、視点を変えてもう一度ここで解説する〕）。

この技では、相手の拳がこちらの腹部に当たる寸前、左足を相手の右足スレスレに置くように、入身でかわす。この入身の時に、腹圧を高めながら息を吸う。すると、体は自然に上方に動く。上方に動くのは体幹だけでなく、肩も上方に動き肩は腕に連動する。

そのまま吸いながら息を止めることなく、右腰を相手の右に入れ、相手の右手を絡めて倒す。倒す時に息を吐く。

これを腹を膨らませて左足を入身するとどうだろう。腹は入身の方向に出て、腰椎の彎曲が強調され、右腰の繰り出しにくくなるだろう。

吸って吐く、かわして投げる。単純で簡単に思えるが、呼吸と手足、体幹のリズミカルな連携が要となる。

正面突き入身肘落とし

1~2 相手が右正拳で中段を突いてくる。

3~4 左足を相手の右足の外スレスレに入れて、入身でかわす。この時、腹圧を高めながら息を吸い、体幹と肩、腕を上に上げる。（ピストン効果）

次ページへ

3～4の動作を一般の腹式呼吸、つまりお腹を膨らませて息を吸った状態で行ってしまうと、相手の拳をスレスレにかわすことの邪魔になる。

また、5～7の動作を、お腹を膨らませて息を吸っていると動きが悪くなる。お腹を膨らませる呼吸は、腰椎の弯曲を強くするためである。

5～7

なおも息を吸いながら、右腰を相手の右に入れ、右腕を絡めて、息を吐きながら倒す。

●相手の呼吸を同化させる

次に、相手の呼吸の同化について、実例（250〜251頁）とともに解説する。

まず、相手に両手で左手首をがっちり掴まれる。

これに対し、合気上げしながら相手の両腕をねじり攻め、右に振る。この時、腹圧を高めながら息を吸う。こちらの体幹はピストン効果で背筋が伸びる。

攻めの過程で相手の頸部が後屈していき、相手も息を吸う。相手の体は、頸椎の後屈により姿勢反射が起き、腕は伸び膝が曲がって体勢が崩れる。

そして、頸椎が最大に屈曲した瞬間に相手の息が止まる。この瞬間を捉えて、自分の肘を自分の腰あたりに戻すイメージで回転しながら後方に投げる。息を吐きながらねじり投げるが、すると敵の呼吸もこちらに同化して敵も息を吐く。

相手の頭部は、（こちらから見て）右から左へ回っていき、この頸部の回転によって姿勢反射が起き、体幹もねじれてさらに体勢を崩していく。最後には、重心が支持基底面から外れ、投げられてしまう。

両手締め投げ

1

1 相手が両手で、左手を掴んでくる。

2

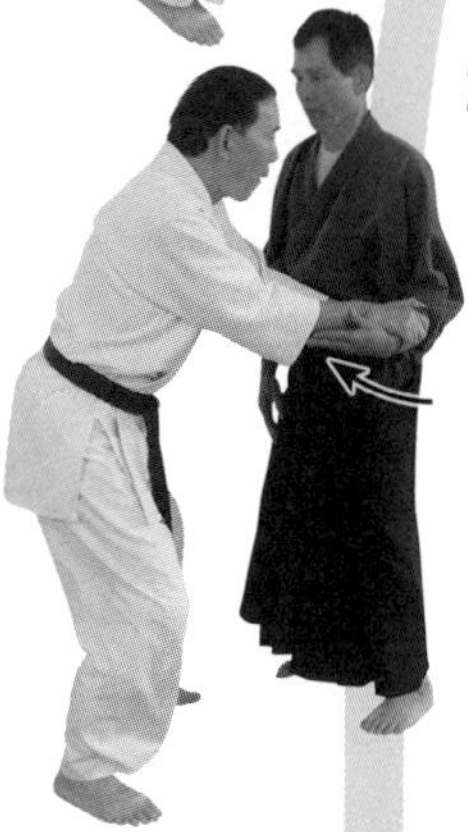

3

2~3 合気上げをしながら、腹圧を高める腹式呼吸で息を吸う。背筋が伸び、肩と腕も連動して上がる（ピストン効果）。

4

4 左足を一歩前へ出しながら、相手の両腕をねじり攻めつつ、右へ振る。この時、相手の頸は大きく後屈して、姿勢反射で腕が伸び、膝は曲がる。相手は息を吸っている。

5

ここでは呼吸の同化に注目して解説しているが、姿勢反射を利用して投げていることも分かりやすい。

　相手の頭部が、右から左へと回り、その回転が体幹のねじれへと連動して、体勢を崩している。

　他のページで示した技法例も、呼吸や姿勢反射に注目して見直してもらえば、新しい発見があると思う。

5～9
頸の屈曲が最大になったところで、相手の呼吸が止まる。この瞬間を捉えて、息を吐きながら、自分の肘を腰辺りに引き付けつつ、右股関節を内に回して上体を左に向ける。
相手は息を吐きながら、前方に振り出されて一回転して落ちる。

▼大東流合気柔術は、力学的、運動学的に合理的である

第二編は、ここまで力学的、運動学的、生理学的に見て、大東流合気柔術が極めて合理的で、精錬された武術であることを説明してきた。

体力、腕力が十分あれば腕ずく力ずくで敵を投げたり、抑えたりできる。だが、力を有効に使うことで、小さな力で大きな相手を制することができるのが、武術の魅力である。大東流合気柔術はその最たるものと言える。大東流合気柔術の妙技は女性や年配の方でも、身につければ使うことが可能な技なのだ。

ただし、力を有効に使うと言っても、人体は頭、体幹、上肢、下肢と複雑な分節構造であり、自分の位置、敵との位置、さらには技のプロセス（過程）で、有効に使うスキルが変化する。同じ相手に同じ技をかけても投げた感触が違う場合がある。軽く、スムーズに投げた方が有効なのだ。その意味では、理論の解明は技の理解には大切であるが、やはり体で覚えるしかないのである。

第七章　五体でかける大東流合気柔術

▼五体で行う合気上げ、合気下げ

堀川先生が1951年（昭和26年）2月に、地元北海道の『湧政弘報』に載せた記事「合気護身術大東流」の中で、「ことに合気之術というのは、肩、手、足、胸などのすべてに術があり、相手の力を利用していくこと、相手の力を抜いていくこと、相手の力を抜いて逆を取っていくこと、機に応じ態が現れ、千変万化、千態万様、自由自在に相手を屈服させる術で、相手の出様によって応変即妙の措置にでる」と書かれている。

大東流合気柔術では、手を取る、頭を押さえる、首を絞める、肩を押さえるなど、相手の出方によって様々な方法で応じる。これを見れば、技法的な多様性があるように思われるが、ここまで述べてきたようにその原理は同じである。そのベースとなる技法は合気上げ、合気下げであり、柏手もこれに含まれる。相手との接点がどこであろうとも、またいかなる状況・体勢であろうとも、同様の原則によって崩しの技法が使えなければいけないということだ。

肩合気投げ1

1 相手が右手で、左肩を掴んでくる。

2〜3 右肩を上げて、合気上げをする。

手首を握られるのとは違い、胴着を通して相手の力の方向や、相手に刺激が伝わっているかどうかを見極めなければならない。

また、この技法例では、相手は肩を握っているが、肩に手を置いただけや、胴着を指で引っかけただけの状態でも、手を掴まれた時と同じ反応を引き出せることが理想的である。

相手の逃避反射と、腕の構造を使うことで、自分の肩の動きが相手に伝わっていく。

また、相手の頭が大きく回り、その回転によって、頸部から起こり体幹に働く立ち直り反射により、体幹がねじれていくことに注目してほしい。

　ただ肩を後ろに回すだけは、相手を投げることはできないのである。

　手首を掴まれての合気上げと合気下げの技法例や、柏手と同じ原理が働いていることがわかるだろうか。これを体の部位でも行えるように稽古してほしい。

4～6 右肩を後に回して合気下げを行い、相手を投げる。

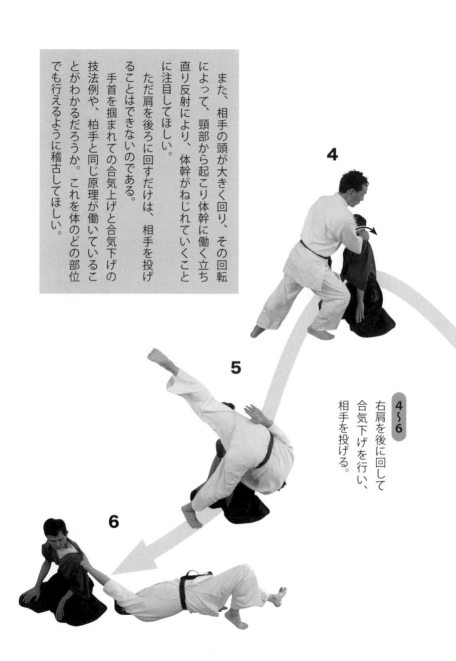

肩合気投げ2

1
相手が右手で、
左肩を掴んでくる。

2~4
左肩と左手刀を同時に
使って、相手の右肘を左
上方に合気上げをする。

5~7
左手刀で相手の肘
の内側を掛け、これ
を引き寄せるよう
に合気下げをする。

前ページの技法と同じく片肩を掴まれた時の技法である。手刀が使える分簡単に見えるが、そう簡単に投げられない。

肩と手が連動して合気上げ、合気下げをしていることがポイントになる。

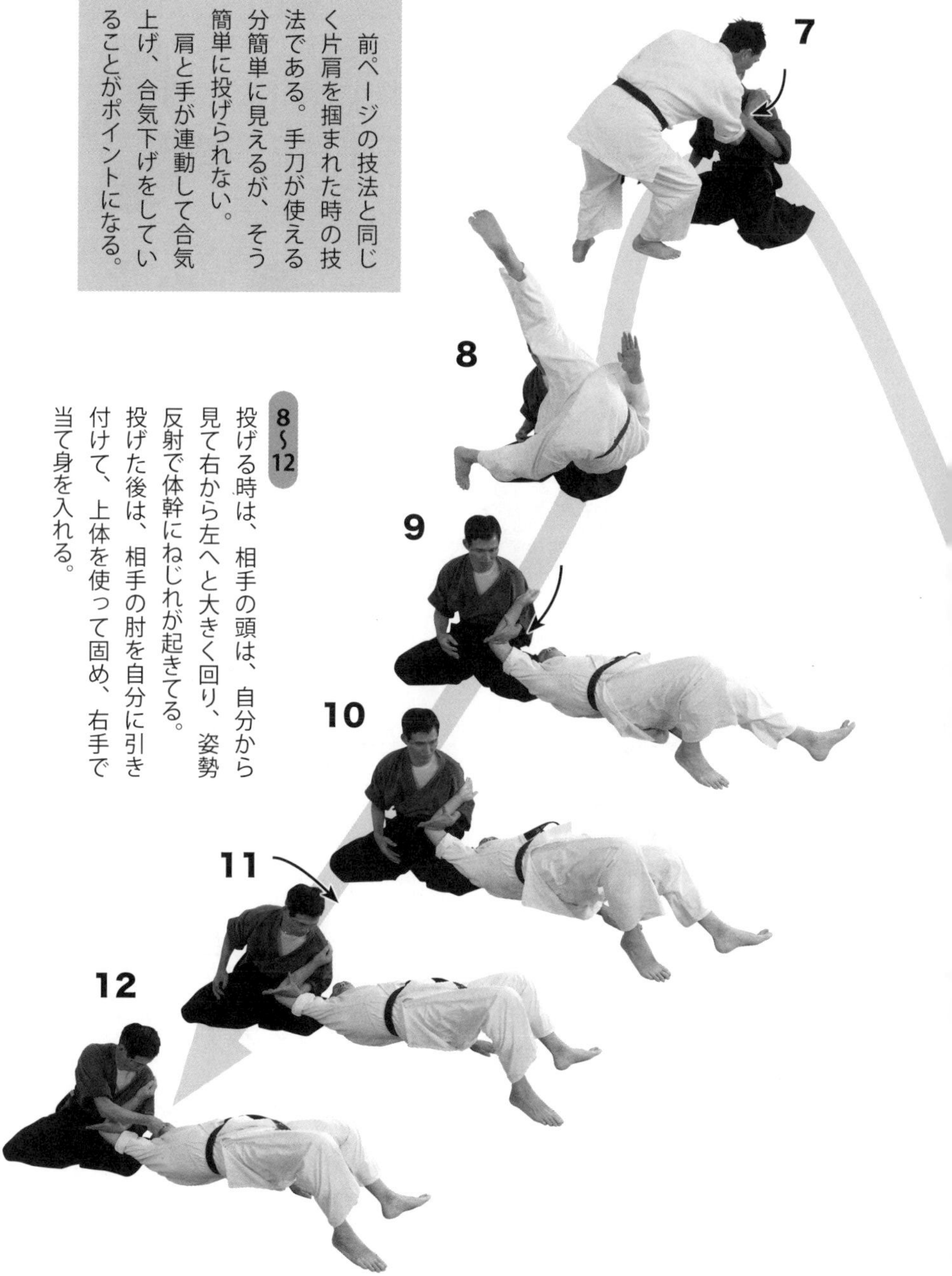

8～12 投げる時は、相手の頭は、自分から見て右から左へと大きく回り、姿勢反射で体幹にねじれが起きてる。投げた後は、相手の肘を自分に引き付けて、上体を使って固め、右手で当て身を入れる。

肩合気落とし1

1
相手が両手で、両肩を掴んでくる。

2〜4
相手の両肘を下から擦り上げて、両腕を絞り込むように合気上げをする。頭部が後屈して、両腕が伸びる。

5
相手の頭の後屈が最大になった時に、相手の両腕を巻き込むように引き寄せる（合気下げ）。相手の頭が前屈する。

6〜8 相手の右肘を引き寄せ、左肘は送る（回転させる）操作を行い、相手を左に投げる。

6

7

8

合気が入っていない状態で相手の両腕に手を置いて引き寄せても、相手はびくともしない。単に肘関節を攻めるだけではない。
投げられた時に、相手の体幹のねじれ、そして投げた後の相手が反り返って身動きができなくなっていることに注目してほしい。この最後の決め技がないと、相手に反撃されるたり、返し技をされることになる。

9

10

9〜10 上体を使って相手の左腕を固め、当て身を入れる。

肩合気落とし2

1 相手が両手で、両肩を掴んでくる。

2~4 相手の両肘を下から擦り上げて、両腕を絞り込むように合気上げをする。頭部が後屈して、両腕が伸びる。

5 相手の頭の後屈が最大になった時に、相手の両腕を巻き込むように引き寄せる（合気下げ）。相手の頭が前屈する。

前の技法とは別の方法。投げるのではなく、前に落として反撃できないように固める。片手で相手の腕を引き寄せているので相手は動けない。

6～8 相手の両肘を引き寄せて、相手を手前に落とし、固める。右拳で当て身を入れる。

首合気落とし1

1

2

1~2 相手が両手で、首を絞めてくる。

3

3 首を絞められた瞬間に、顎で相手の手を押さえる。

4

5

4~6 呼吸を使って、胸で合気上げをし、連続して合気下げをする。

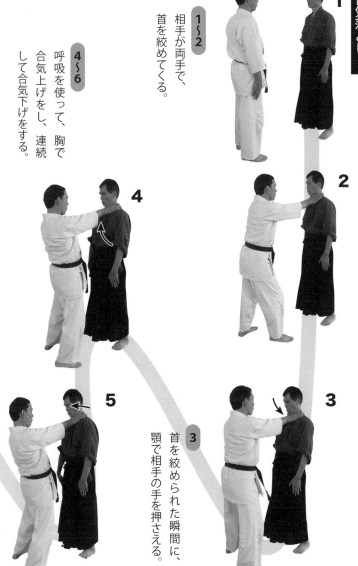

相手に首を絞められた時に胸を使って、合気上げ、合気下げをして相手を倒す技だが、基本動作は両手を掴まれた場合と同じである。

首を絞められた時、相手が上方向に力を入れると、頭が後屈して動けなくなり、息もできなくなる。これに対処するには締められた瞬間に顎で相手の手を押さえることである。これを胸での合気上げ、合気下げと切れ目無く連続させせなければならない。

呼吸と胸合気の一連の連動操作で、無意識にできないと技にならない。

7～9
相手の腕を伝って、首に力が伝わり、仰向けに倒れる。

首合気落とし2

1～2 相手が首と手を同時に攻めてくる。

3～5 首を締める手に対しては胸で、手首を握って手に対しては左手で、同時に合気上げをする。

この技法例は、相手に首を絞められ、手を押さえられた状況だが、本来はあり得ないものだ。

　先に首を絞められれば、相手の手を顎で押さえ技を仕掛ける。相手に片手を押さえられたなら、片手の合気上げ、合気下げで相手を崩すことになるからである。

　この技法例は、どのような状態でも技が掛けられるという例と見てほしい。

6〜10 相手の両手に、同時に合気下げをして、相手を仰け反らせて後方に倒す。

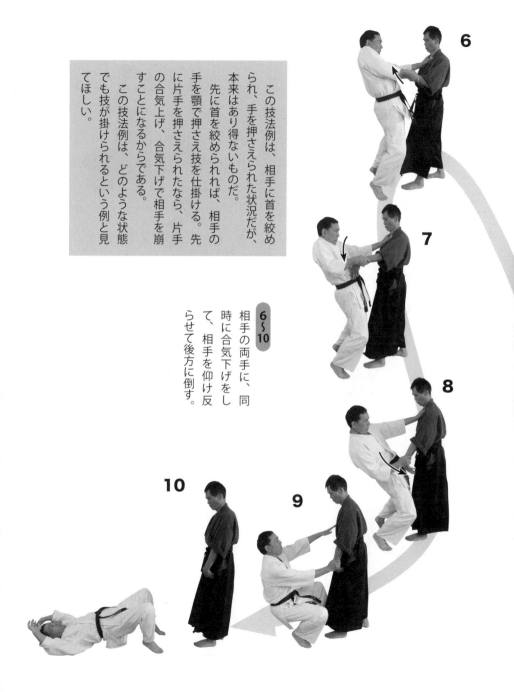

首合気前方投げ

1~2 相手が後から首を絞めてくる。

3 顎で相手の腕を押さえて、首が絞まるのを防ぐ。

4~6 右肩と首を同時に使って合気上げをしながら、腰を浮かせて相手を上方に誘う。

この技法例のように、座した状態で後ろから首を絞められると、腕が喉に食い込んで窒息してしまう。首を絞められた瞬間、顎で相手の腕を押さえること。

単に頭を前後に振るだけでは、相手を投げることはできない。この場合は右に投げるので、右肩と首が連動して、合気上げ、合気下げをして崩し、投げている。

次のページに正面からの写真を掲載する。参考にしてほしい。

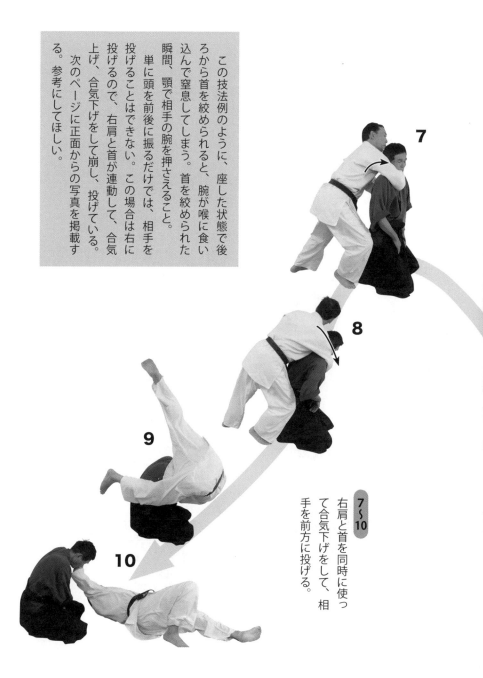

7~10 右肩と首を同時に使って合気下げをして、相手を前方に投げる。

別角度

正面から見ると、頭の前後動作よりも、回す動作の方が重要であることがわかる。
動きは小さいが、手を掴まれた時の合気上げ、合気下げと同じ反応を引き出せていることにも注目してほしい。

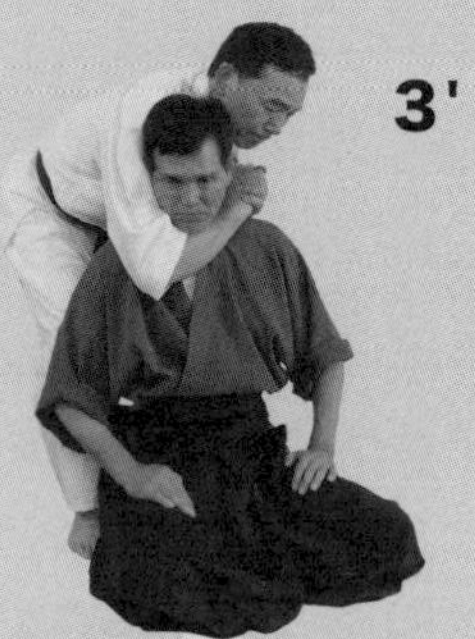

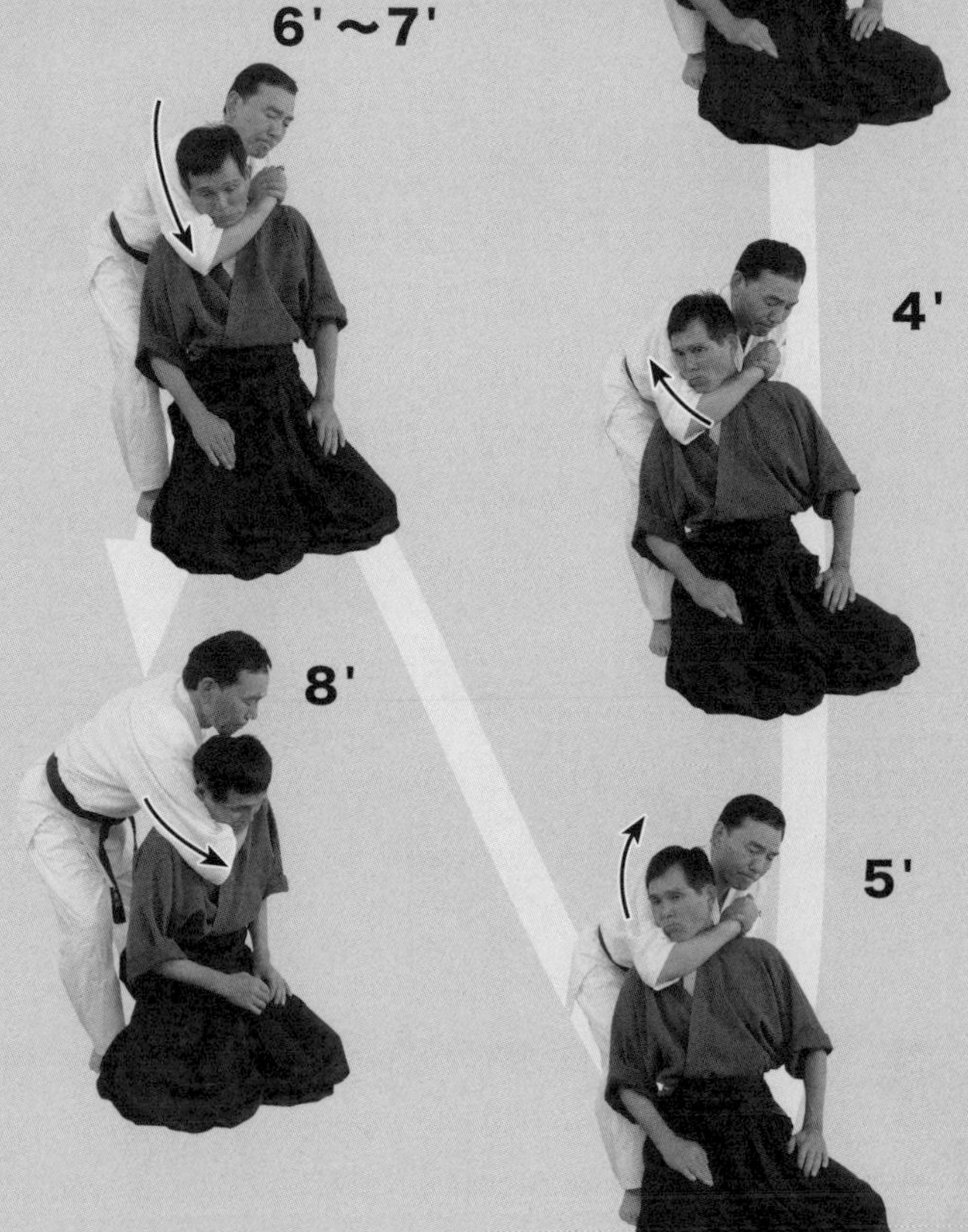

胸合気投げ

両手で胸倉を掴まれた状態では、このまま投げようとしても相手は簡単に動いてくれない。

胸で合気上げをして、重心を引き出すことで、合気下げに繋げることができる。

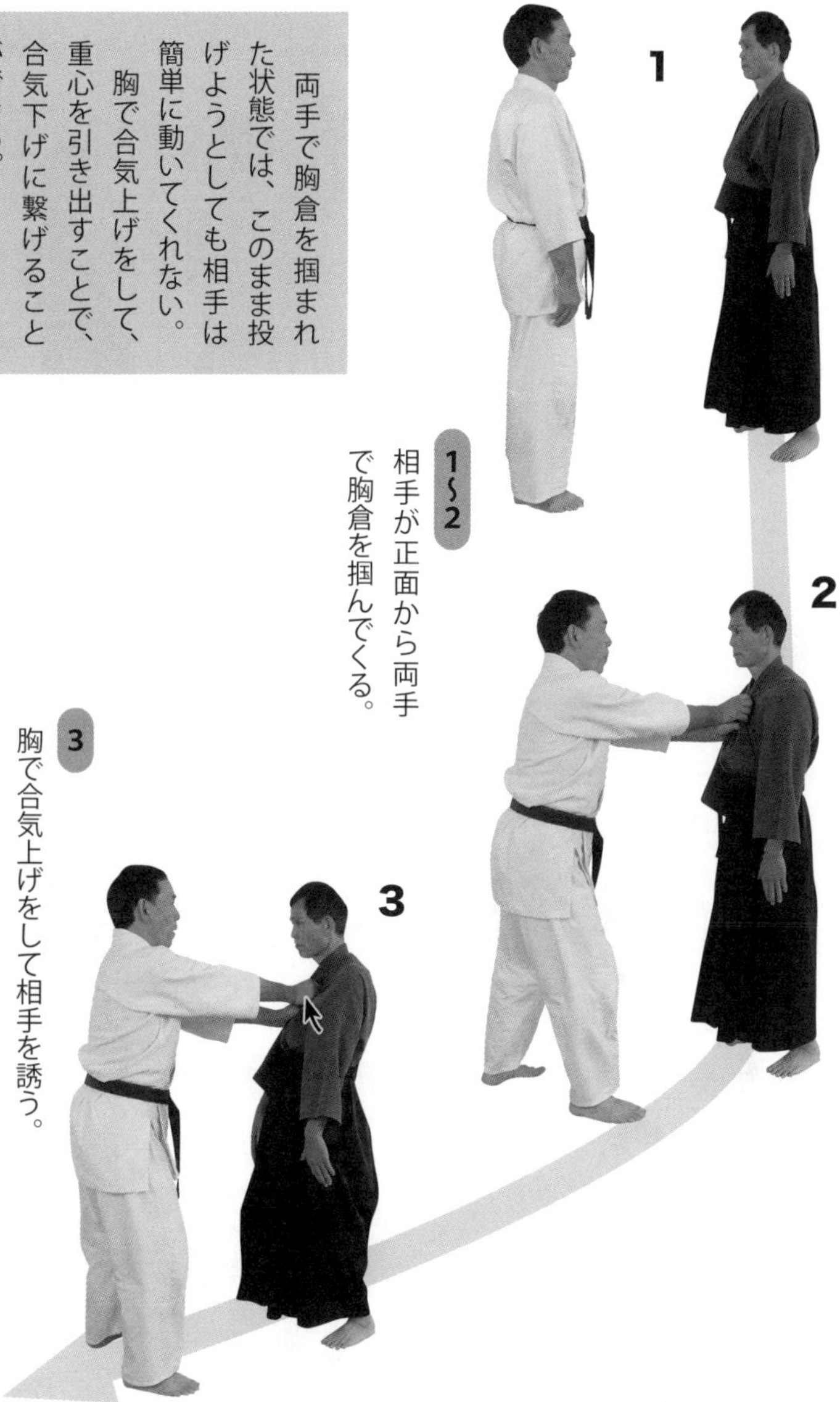

1〜2 相手が正面から両手で胸倉を掴んでくる。

3 胸で合気上げをして相手を誘う。

次ページへ

4〜5 相手が誘われて重心が動いたところに合気下げを連続して行う。

6〜11 相手が崩れたところで、左の股関節を外に、右の股関節を内に回して、上体を左に向けて、相手を投げる。

4

5

6

7

写真5で、相手は対称性緊張性頸反射で、頸（頭）は後屈、前肢は伸展、後足は屈曲になっている。

投げる時には、相手の頭が（自分から見て）右から左へと大きく振られ、同時に頭の回転によって体幹がねじれ、相手は耐えきれずに投げられる。

この技では、下肢の使い方も重要になる。

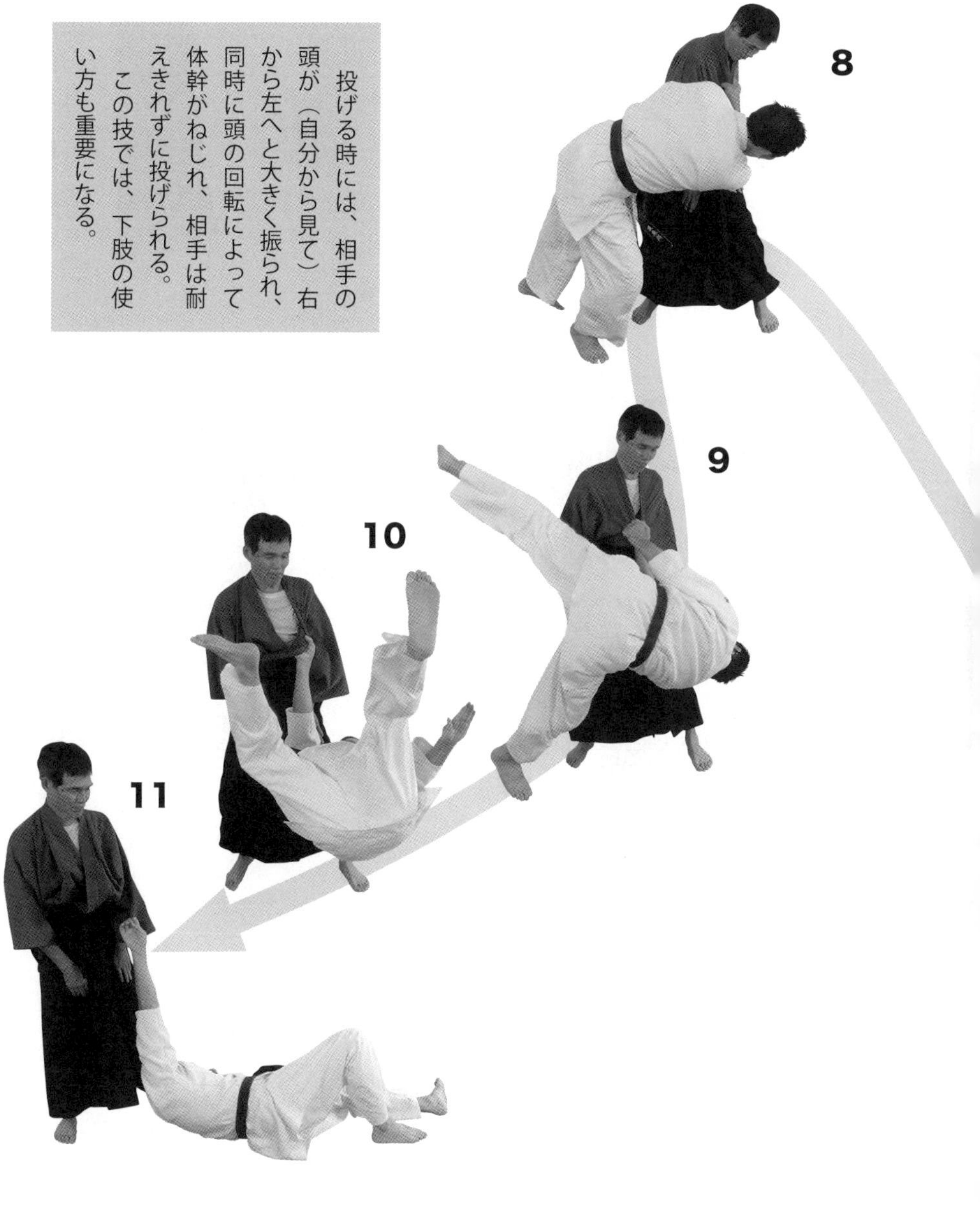

胸合気落とし

1

2

1～2 相手が正面から両手で胸倉を掴んでくる。

3

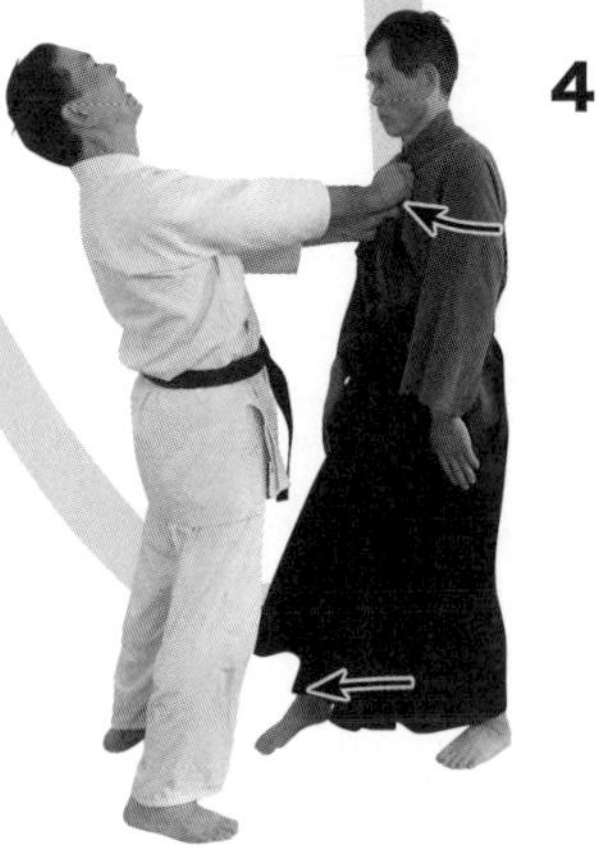

4

3～4 胸で合気上げをして相手を誘う。

基本動作はどこをどのように掴まれても同じである。この技は基点が胸である。

　手を掴まれた時の合気上げ、合気下げと同様で、胸を掴まれていることを意識しないで合気上げ、合気下げの基本動作をすれば技は掛かる。

5〜7
合気上げから連続して合気下げを行い、相手を仰向けに倒す。

髪合気投げ

1 相手が後方から髪の毛を掴んでくる。

2〜3 わずかに体幹で合気上げして相手を上方向に崩す。（3は投げる初動動作体勢に入っている）

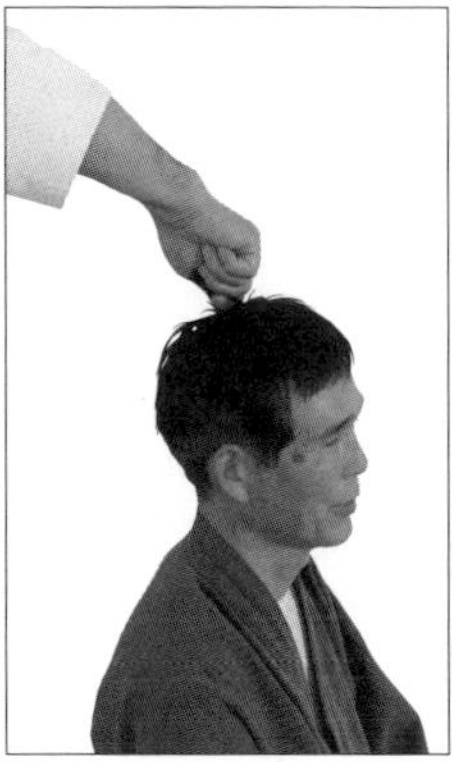

掴かませる髪の毛は、親指と人差し指の指で掴ませる方が効果的である。なぜならば接点が小さく狭いほど、指先に意識が集中し、技を仕掛ける反応（刺激）効果が大きくなるためである。

もちろん、頭を振り回すだけでは、髪が抜けるだけである。合気上げ、合気下げの基本ができていれば、このような技もできるという例である。

2〜9 体幹で合気下げしながら、頭を回して相手を投げる方向に誘導していく。相手の頭、体幹がねじれ、投げに繋がる。

頭合気投げ

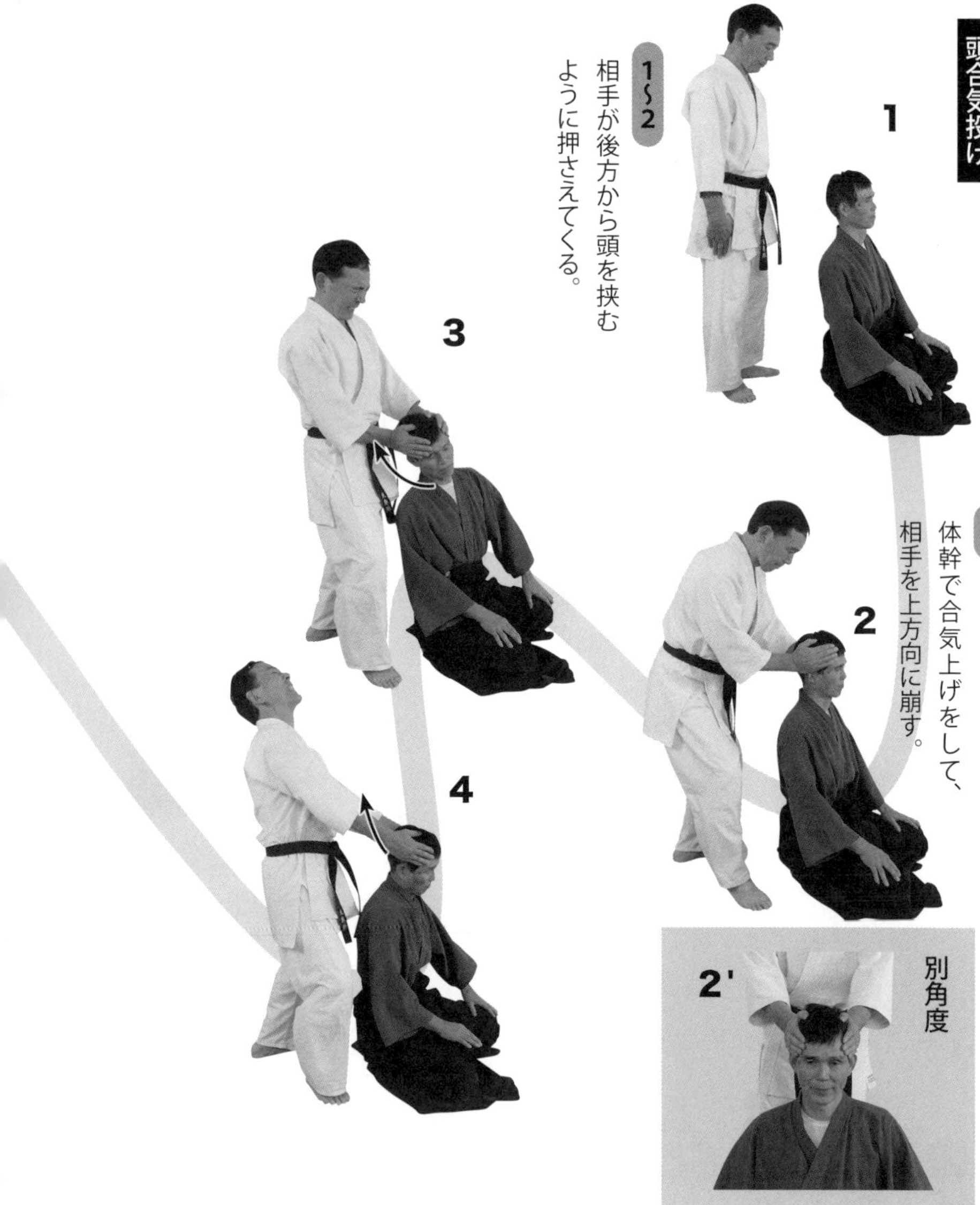

1~2 相手が後方から頭を挟むように押さえてくる。

2 体幹で合気上げをして、相手を上方向に崩す。

別角度

頭を前に倒すだけでは、相手の両手からすり抜けるだけで投げることはできない。

手を掴まれた時の合気上げ、合気下げとは大きく違って見えるが、技法の運用は同じである。

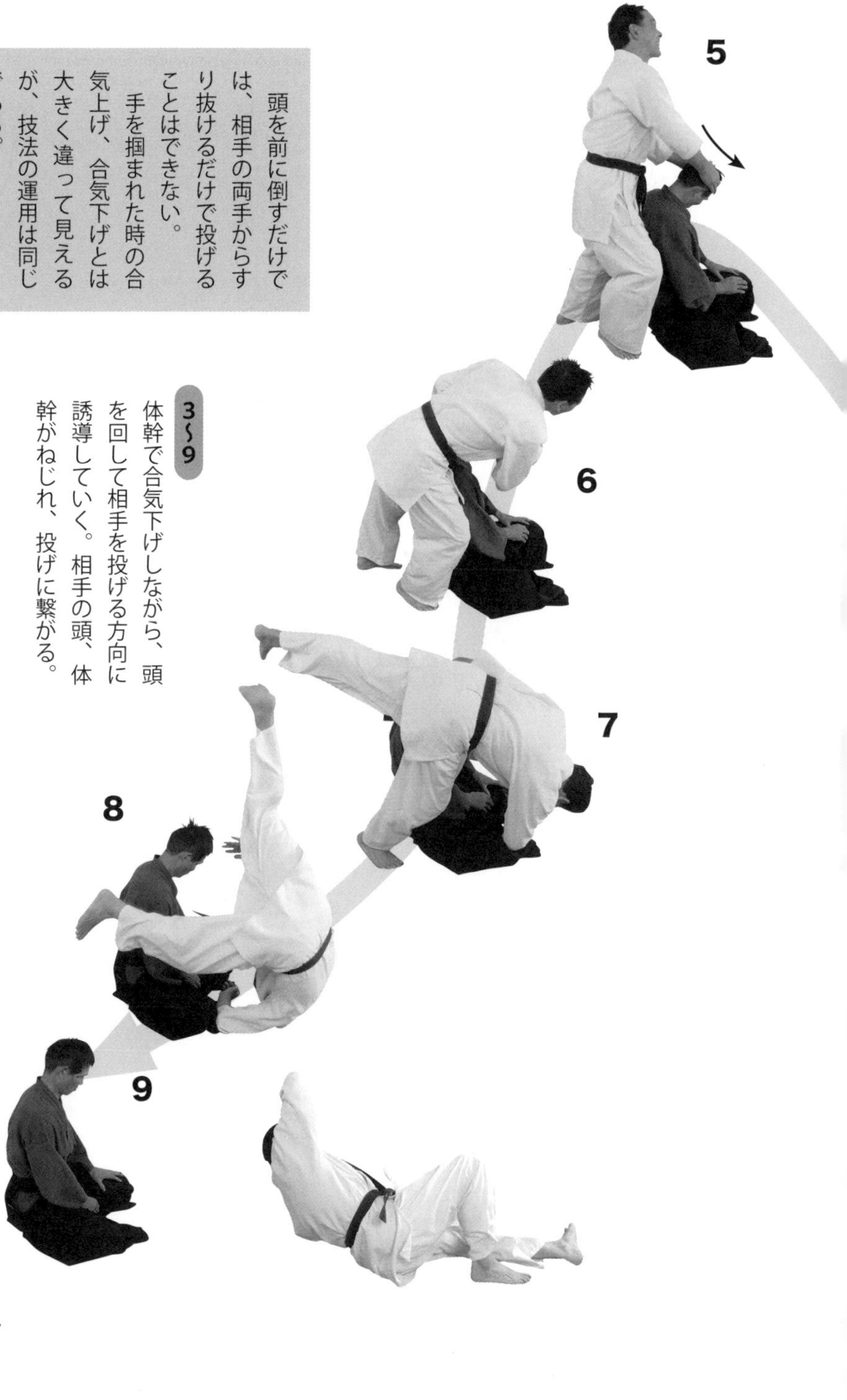

3~9
体幹で合気下げしながら、頭を回して相手を投げる方向に誘導していく。相手の頭、体幹がねじれ、投げに繋がる。

第八章　私の大東流合気柔術研究・まとめ

▼技は時代の流れとともに

●護身術として大東流

本書の第一編、第二編のどちらでも触れているように、岡本先生の技や指導法は変化していった。それは、稽古場所や参加人数などの状況の変化から求められたもの、あるいは岡本先生ご自身の体の変化といった要素を含みつつ、それは常に技術の進化を伴うものだった。

技が時代の流れとともに変わっていくことは、岡本先生の場合に限ったことではない。武術の役割は時代とともに変わり、その定義づけは裾野が大きく広がっていく傾向にある。「大東流合気柔術」も、その本質を維持しながらも、時代とともに姿を変えていくのだろう。

武田惣角翁は1860年（万延元年）から1943年（昭和18年）の、幕末から明治、大正、昭和初期という時代を生きた。惣角翁は大東流合気柔術を変化、進化させ、柔術から合気柔術へ

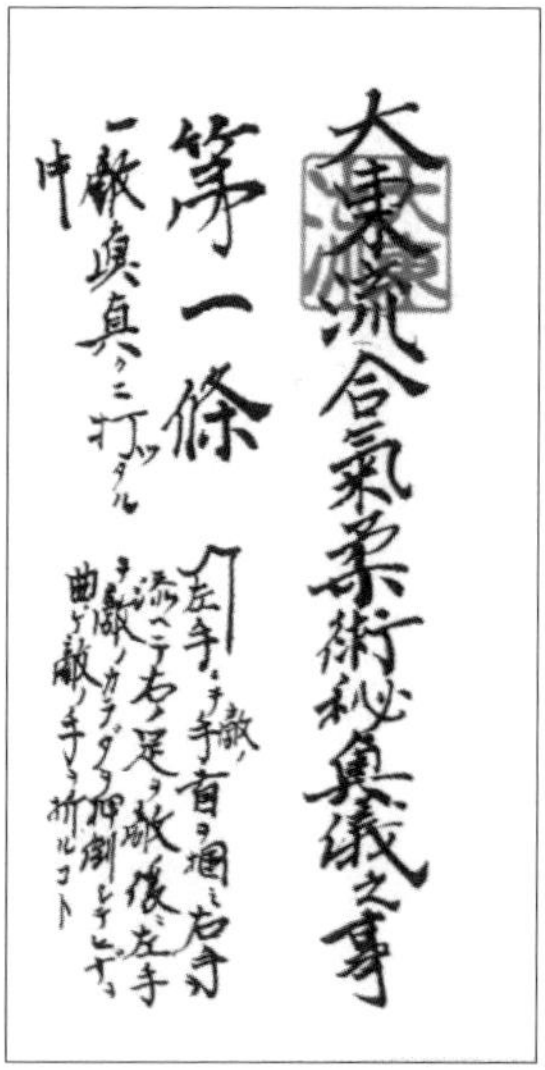

と高めたものと思われる。

伝書の第三巻『大東流合気柔術秘奥儀之事』の冒頭、第一條に次のような記述がある。

「左手ニテ敵ノ手首ヲ掴ミ　右手ヲ添テ右ノ足ヲ敵後ニ　左手ヲ敵ノカラダヲ押倒シテ
ヒザヲ曲ゲ　敵ノ手ヲ折ルコト」

このような「敵の手を折ること」という表現の他、伝書の中には「手ヲ折ルベシ」とか「敵ノ肘ヲ肩ニ掛ケテ折ルベシ」「背骨ヲ折ルコト」など、かなり過激なことが書かれており、惣角翁の生きた時代に教えた技には厳しい技があったことが伺える（もちろん、惣角翁が実際に弟子に教える時には、さすがに折ることはせず、その真似だけだっただろう）。

著者が岡本先生から大東流を習った初期の頃には、使い方によっては簡単に腕や背骨を折ることができるような、厳しい技を練習したことがあった。

その一つに、「飛鳥投げ」がある。この技は鳥が羽ばたくように何回か攻め、最後に落とすため、受けを誤ると首を痛める恐れがあった。さらに、投げるというよりは手を広げた状態で顔面を地面に叩き付ける大技であるため、実に危険な技と言える。

こうした危険度の高い技は貴重である一方、今日の平和な世の中にはそぐわないものであるのも事実だ。武道が護身術として用いられるといえども過剰防衛は現代の社会には受け入れられない。また現在の大東流合気柔術の役割は、技を伝えることだけではなく、社会に生きる心構えも教えることにあると筆者は考えている。

岡本先生も、当然護身術としての大東流について話されることはあったが、もちろん、護身のためであっても、過剰防衛になることを厳しく戒めていた。

『合気ニュース』（1999年秋号）で次のように仰っていた。

「大東流では絶対怪我をさせてはいけません。将来に禍根を残すようなことをしないというのが条件だと思っているんです。護身術ですから、自分の身を守ればいいんですから。相手を殺す技ではないですからね」

「初歩の手では、掴まれた手を抜いてから目つぶしをして固めて留めを刺す――など連続してやってみせることもありますが、ほんとは一発目で目つぶしをやったらもうそれでいいんですよね。そんなに目つぶしまでして倒してあばらを折るなんて残酷なことをやる必要はないんです。平和的に解決するのが大東流なんだと」

●「平和的」というこだわり

この「平和的に解決する」という言葉が、岡本先生の技がより巧妙に進化していった背景にあったのでないだろうか。

顔やボディを殴られれば、「この野郎やったな！」と闘争心を呼び起こされるだろう。関節を痛めつけられれば、「仕返ししてやる」と恨みを持つだろう。骨を折ったり、大事な箇所を損傷するようなことがあれば、その恨みは一生に渡って続くだろう。過剰な痛みや怪我は、相手の反撃に繋がるものだ。

では、合気を掛けられた時はどうだろう。技を掛けられた瞬間に、「うっ！」とつま先立ちにされたり、「あれっ」と思っている間に腰を取られて投げられたり、固められて身動きできなくなってしまっても、技を解かれれば肉体にダメージは残らない。これならば闘争心も起こらず、無駄な反撃を呼ばないし、恨まれることもない。まさに「平和的な」技術と言えるだろう。

岡本先生は、すべての弟子の手を取るという指導スタイルで教えられていた。筆者自身も、小学生、中学生、女性、お年寄り、武術経験者や初心者を混ぜて教える中で、岡本先生の指導へのこだわりを思い知らされた。

またこうした過程の中で、岡本先生の合気はますます磨きがかかっていったのではないだろうか。岡本先生の技は年を重ねるに従い小さく柔らかく、まさに角が取れたと思われる。

我々武術を習う側からすれば、岡本先生の指導法は合気の技を感じ取れる貴重な体験だったのは間違いない。しかし、これをただ「不思議」と思うばかりでは、合気の習得には近付けないだろう。

もう一度『合気ニュース』のインタビューに答えた岡本先生のお話しを、ここで引用したい。

「富士山で言えば、5合目から6合目あたりをうろついているんで、私としては〝せめて8合目まではいきたいな〟と思っているんです」

岡本先生ははたして富士山の何合目まで登られたのか。山頂まで登られたのだろうか。

残念ながら今となっては聞くことはできない。

だが、常に山に登り続けた岡本先生の姿勢こそを、教えを受けた者は受け継がなければならないのではないだろうか。

▼触れ合気について

岡本先生の代名詞として、「触れ合気」が挙げられることがある。これについて、『奥伝 大東流合気柔術』（学研MU AV BOOKS）に、著者の高木一行氏が次のように記述している。

「触れ合気という名称は岡本宗師が名付けたが、堀川幸道師範から受け継いだこうした高等テクニックを、岡本宗師はさらに精錬させて独自の技法に進化させている。屈強の男達を軽く触れるだけであしらう様子は、まさに芸術的とも言える合気の極致である」

練習で岡本先生に教えて頂いた技で、とても身に付けるのが難しい技があった。それがいわゆる合気之術「触れ合気」である。

ただし、筆者にとって「触れ合気」とは、大東流合気柔術の合気之術に含まれる要素の一つであり、合気上げ、合気下げと同じく、それ自体を切り取って見せられるようなものではないと考えた方がよいのではないかと思う。

よって、これまで見てきた技の中にも、「触れ合気」的なものがいくつもある。例えば、170〜171頁に紹介した慣性モーメントの例に使われている技も、触れ合気の要素が強い技である。

そこで最後に、「触れ合気」の要素が強い技を三つ紹介したい。しかし、本書をここまで読み進めてきた勘の良い読者であれば、そのいずれにも合気上げ、合気下げと共通する現象を見出すことができるだろう。そこへ筆者の研究として紹介してきた科学的な視点も技の理解を助けるなれば幸いだ。ぜひ、読者の皆さんの研究に役立て頂ければと思う。

肩に触れた手刀で倒す技法例

1

2

1〜3 相手の胸から肩に、手刀を擦り上げる。動きはわかりづらいが、これも合気上げである。

3

4

手で握っているわけではなく、手刀で相手に触れて倒す技である。相手が立った状態、相手が踏ん張っても倒せなくてはならない。最初は相手を意識しすぎたことで力が入って、うまく倒せなかった記憶がある。

この技法の基本原理は、合気上げ、合気下げである。

まず、相手の胸に手刀で軽く触れる。そして、胸を擦り上げるように、合気上げを行う。この時、相手の反射を引き出して手前に誘っている。

続いて、相手が姿勢を戻そうとする反射を利用して、合気下げを行い、仰け反らせるように落とす。

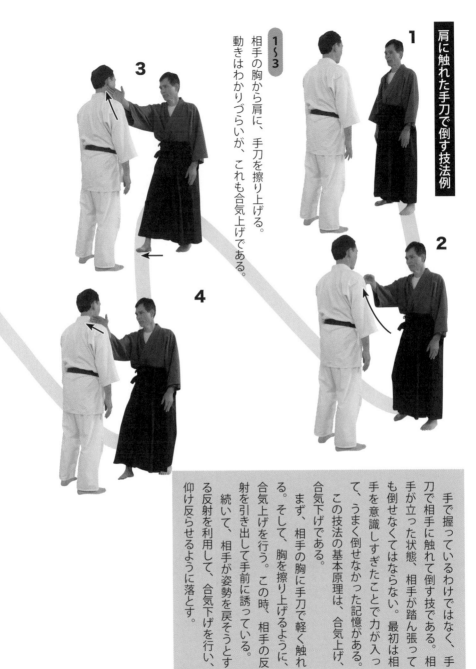

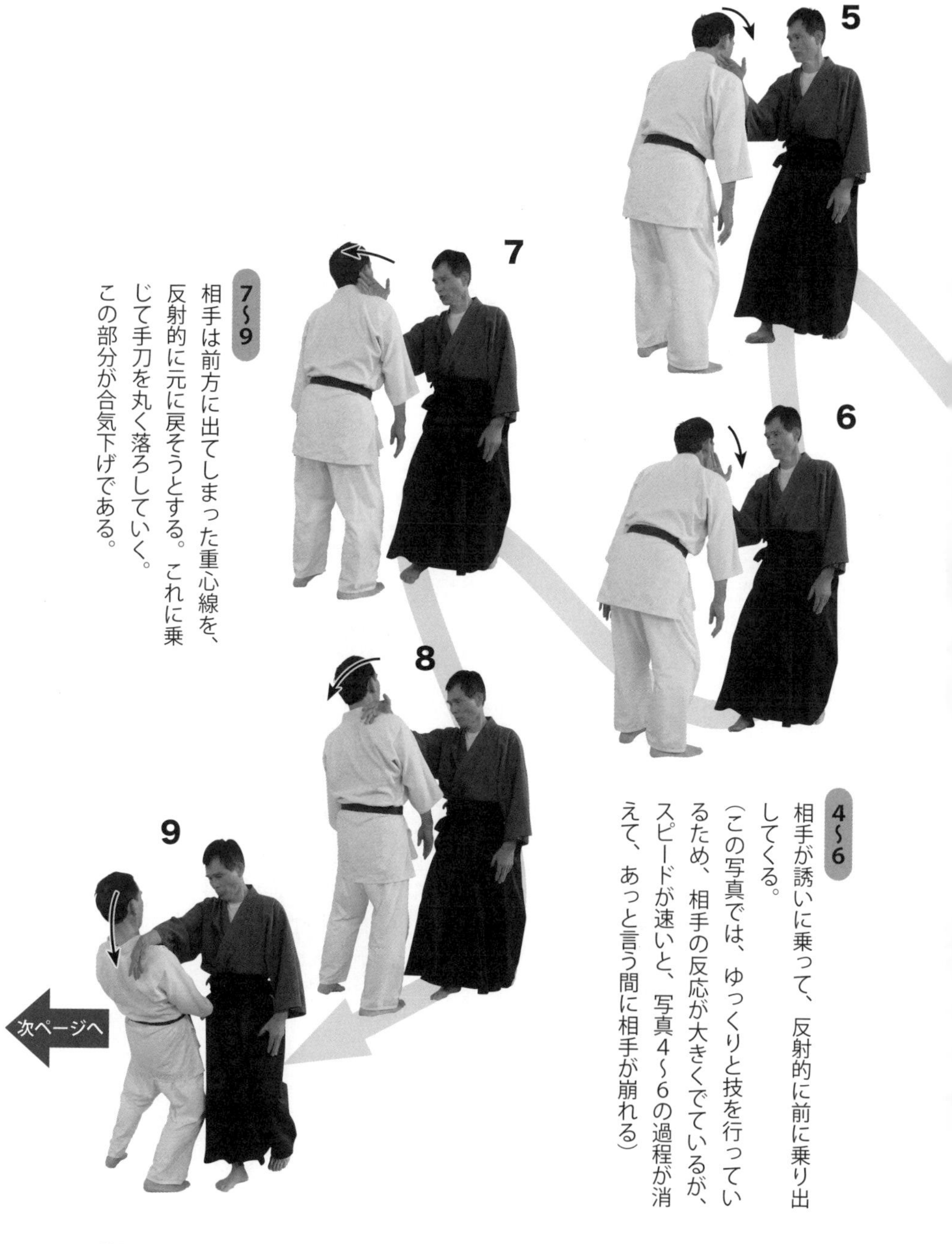

4～6

相手が誘いに乗って、反射的に前に乗り出してくる。

（この写真では、ゆっくりと技を行っているため、相手の反応が大きくでているが、スピードが速いと、写真4～6の過程が消えて、あっと言う間に相手が崩れる）

7～9

相手は前方に出てしまった重心線を、反射的に元に戻そうとする。これに乗じて手刀を丸く落としていく。

この部分が合気下げである。

10 右足を寄せる。相手の脊柱の弯曲が強調されていき、重心線は踵の上に移動する。すでに相手は自力では姿勢の安定を回復することができない状態に陥っている。

11〜12 右手刀を下ろしながら、右足を一歩前へ出し、続いて左足を寄せる。相手は抵抗できずに仰向けに倒れる。

手のひらを合わせてすくい上げる技法例

1
相手と手を合わせる。

2~3
相手の手に抵抗を掛けながら、すくい上げるように合気上げをする。相手の重心線はいったんわずかに前に引き出された後、後方に移動している。

次ページへ

相手と手と手を合わせる。手をそのまま引っ張れば、手は離れてしまう。そこで、相手の手に抵抗を掛けながら、相手の手のひらをすくい上げるように曲げながら上げる。合気上げの技法である。

　相手の足がつま先立ちになり、脊柱の弯曲が最大になり、重心が前に移動すると、不安定な状態になり、相手は手のひらで指先を押さえられただけでも身動きが取れなくなる。

4

5

4〜5

相手の脊柱の弯曲が強くなるのに合わせて、指先を上から軽く押さえる。足の位置は、適宜調整すること。

手のひらを合わせてすくい上げる技法例（二人取り）

287~288頁で紹介したものと同様の技法で、二人取りをする例を示した。腕の構造を利用して、指先から腕、さらには体幹まで影響を及ぼすことができれば、相手が一人であろうと、複数であろうと、大差がないことになる。

1

2

3

1~3 受けの二人の差し出した手の四指に、自分の四指を付け、指の腹で手のひらを徐々に丸めるようにして、受けの腕全体を屈曲させていく。

次ページへ

4~7

二人の受けの腕を搦め、さらに腕を屈曲させながら上げると、仰け反るように体勢を崩す。

4

5

6

7

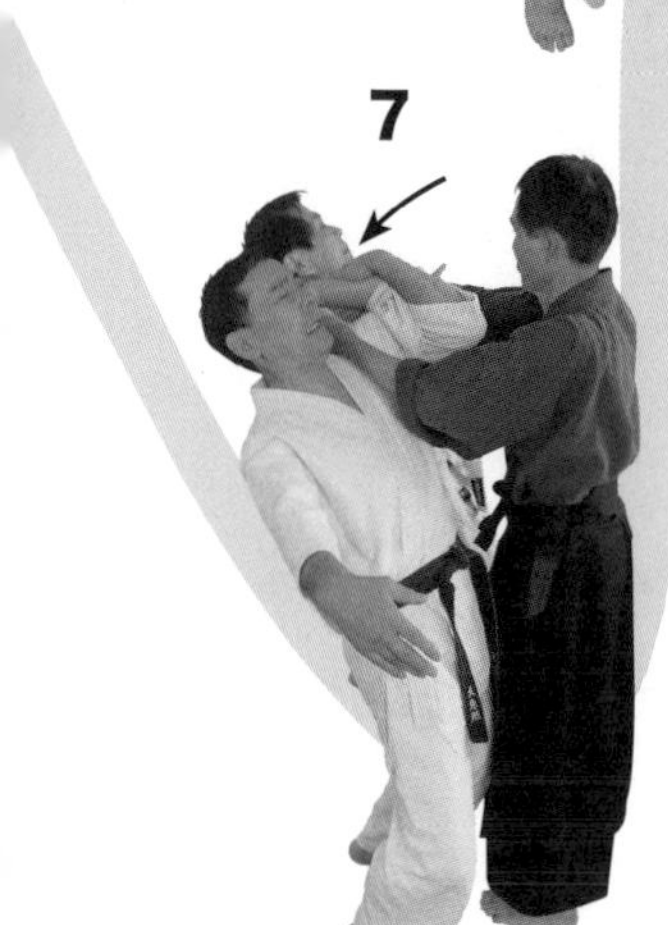

8〜10

搦んで仰け反った二人の受けの間に左足を入れ、受けを後ろに倒していく。搦んだ腕を下に押しつけることで、片手で二人を固めることができる。

おわりに

大東流合気柔術を習い始めた時、岡本先生にころころと投げられ、固められれば身動き一つできなくなった。自分が技を掛けようとしても、最初は上手く掛けられなかった。「なぜだろう？なぜだろう？」と考えてみてもわからない。「ころころ」では説明にならない。大東流合気柔術を学ぶほど、その秘密を解き明かしたい、合気之術を身に付けたいという思いは強くなった。

どうすれば大東流合気柔術の秘密に迫れるだろうか？　合気柔術の術理を客観的、科学的に説明するためには、「急がば回れ」、「まじめにこつこつ」という態度で臨んだ。初めに取り組んだのは、解剖学、生理学、運動学、力学、リハビリテーション医学の教科書を学び直すことだった。そして、これらの定理、法則から大東流合気柔術の術理と関係があると思われる事項を拾い出していった。それは大変な情報量であり、これらの再勉強に多くの労力と時間がかかった。今でも著者自身が専門的な用語を正しく理解し、選択できているかに不安が残る。専門家の方からのご指摘があれば、虚心に耳を傾けたい。

著者は31歳で転職し、転職先で岡本正剛先生に出会った。それまで武術を習うとは思ってもいなかった筆者にとって、岡本先生との出会い、大東流合気柔術との出会いは、人生の大きな転換点となった。それはまったくの幸運であって、岡本先生への感謝の念は尽きず、人生に深く関わった大東流合気柔術を筆者は愛してやまない。大東流合気柔術は単なる武術に止まらず、世界に誇れる日本の芸術であるとの思いが強い。そして、大東流合気柔術は科学的に極めて合理的な武術であると筆者は考えている。

筆者が成してきたのは、ささやかな研究成果であり、本書が大東流の術理のエッセンスをすべて言い尽くしているとは考えてはいない。今後も研究を積み重ね、大東流合気柔術の魅力を世の中に発信したいと思う。

大東流合気柔術とは何か？　私の脳裏には、いまだ整理できない問題が混沌とした状態で漂っている。合気とは、抽象的、哲学的概念であるという一面を持ちながら、技として具体的に現象面に現れるものであり、その答えを追求し続けることが筆者の命題である。今後は、原点に立ち返り、武田惣角翁の大東流合気柔術の秘密、合気の秘密に迫ってみたいと考えている。

最後に、本書の出版にご協力頂いた気天舎の西岡泰和様、写真撮影にご協力頂いた天野正之様、平田伸一様、本書の出版をしていただいた日貿出版社様に御礼申し上げます。

そして、師・岡本正剛先生に心からの感謝の意を示し、筆を置きたい。

２０１７年（平成29年）1月　吉日

大東流合気柔術研究室主宰　浅原　勝

参考文献

『合気柔術入門』岡本正剛、白石夫・著　高橋華王・監修　北欧社　1984年
『マーシャルアーツ』No.4　スポーツライフ社　1984年
『大東流合気柔術入門』岡本正剛・著　スポーツライフ社　1985年
『幻の神技大東流合気柔術』岡本正剛・監修、高木一行・編　学習研究社　1989年
『からだの地図帳』高橋長雄・監修・解説　講談社　1990年
『合気ニュース』No.83　冬号　合気ニュース社　1990年
『合気ニュース』No.84　春号　合気ニュース社　1990年
『目で見る動きの解剖学（第11版）』Rolf Wirhed・著、金子公宥、松本迪子・訳　大修館書店　1992年
『コアメディカルのための実用運動学（第1版）』左藤和夫・著　医歯薬出版　1993年
『奥伝　大東流合気柔術』高木一行・著、岡本正剛・監修　学習研究社　1994年
『秘伝古流武術』5月号　特集「大東流合気柔術の全貌」　BABジャパン　1994年
『合気ニュース』No.122　秋号　合気ニュース社　1999年
『大東流合気柔術入門』岡本正剛・著　気天舎　1999年
『秘伝』2月号　特集「堀川幸道と幸道会」　BABジャパン　2007年
『秘伝』10月号　特集「武道息を極めよ！」　BABジャパン　2007年
『秘伝』11月号「動きの核を求めて」安田登・著　BABジャパン　2007年
『秘伝』12月号「動きの核を求めて」安田登・著　BABジャパン　2007年
『筋肉・関節のうごきとしくみ（第1版）』中村和志・著　秀和システム　2010年

浅原 勝（あさはら　まさる）

埼玉県日高市武蔵台在住。大東流合気柔術研究室主宰。

1946年（昭和21年）9月19日静岡県焼津市生まれ。東京農業大学栄養学科卒業、日本指圧専門学校卒業。

1978年（昭和53年）東京クリニカルラボラトリー（現株式会社ＬＳＩメディエンス）に転職時、岡本正剛先生に出会い、会社サークルにて岡本先生より大東流合気柔術を習い始める。

1980年（昭和55年）5月岡本先生が設立した大東流合気柔術幸道会東京支部に参加。その後、岡本先生が創立した六方会でも指導を受ける。2005年（平成17年）に六方会で7段を授け、2008年（平成20年）に師範となる。

2010年（平成22年）12月に六方会を離れ、大東流合気柔術の研究のため、大東流合気柔術研究室を設立し、大東流合気柔術の研究を行っている。

連絡先：aiki.asahara@gmail.com

撮影協力：　天野正之、平田伸一
　　　　　　格闘技ジム アカデミア・アーザ水道橋

※本書の内容へのご質問は、筆者連絡先へメールでお願いします。

本書の内容の一部あるいは全部を無断で複写複製（コピー）することは法律で認められた場合を除き、著作者および出版社の権利の侵害となりますので、その場合は予め小社あて許諾を求めて下さい。

武術《ぶじゅつ》の極《きわ》み、合気《あいき》を求《もと》めて
大東流合気柔術《だいとうりゅうあいきじゅうじゅつ》を解《と》く

●定価はカバーに表示してあります

2017年2月28日　初版発行

著　者　浅原《あさはら》 勝《まさる》
発行者　川内 長成
発行所　株式会社日貿出版社
東京都文京区本郷 5-2-2　〒 113-0033
電話　(03) 5805-3303（代表）
FAX　(03) 5805-3307
振替　00180-3-18495

印刷　株式会社ワコープラネット
写真　糸井康友
© 2017 by Masaru Asahara ／ Printed in Japan
落丁・乱丁本はお取り替え致します

ISBN978-4-8170-6018-1
http://www.nichibou.co.jp/